ことわざ キャラクター図鑑

見てわかる・おぼえる・使える！

監修：深谷圭助 中部大学現代教育学部教授
イラスト：いとうみつる

日本図書センター

はじめに

　みなさんは、どんなことわざを知っていますか？「急がば回れ」や「笑う門には福来たる」など、有名なものはふだんの会話の中で自然と使っているのではないでしょうか。

　いまではあたりまえに使っていることわざですが、じつはずっと昔から語りつがれてきたものなんです。短いことばの中に、生きるための知恵や人生の教訓がつまったことわざは、多くの人々の間で広まっていきました。そして、いまを生きるわたしたちにも、かしこく生きるコツや、ピンチのときに役立つアドバイスを、教えてくれているのです。

　昔の人の考えや教えがいまでも通じるなんて、なんだかふしぎですね。

　また、ことわざには生きものや体の一部など、身近なものにたとえたものが多くあります。イヌやネコ、目や耳など、わたしたちにとっ

てなじみ深いものを登場させることで、ことわざはぐっと親しみやすい存在になっているんです。

「ことわざがすごいのはよくわかったけれど、おぼえるのはたいへんそうだな」と思っている人もいるかもしれませんね。

でも、心配はいりません！　この本では、ことわざが個性豊かなキャラクターとなって登場します。キャラクターたちが自分たちのもつ意味や、その由来を楽しく教えてくれるから、読み進めていくうちに自然とことわざをおぼえ、使えるようになっていきますよ。

それではみなさん、この本を読んで、ゆかいなキャラクターたちといっしょにことわざを楽しみながら学びましょう！

中部大学現代教育学部教授　深谷圭助

✨ もくじ ✨

- はじめに …………………………………………………… 2
- この本の見方 ……………………………………………… 6
- ことわざたんけん隊 ……………………………………… 7
- ことわざのキホン ………………………………………… 8

第1章 成長するためのヒント！

- 聞くは一時の恥 聞かぬは一生の恥 …… 12
- 好きこそものの上手なれ ……………… 14
- 案ずるより産むが易し ………………… 16
- 虎穴に入らずんば虎子を得ず ………… 18
- 石橋をたたいて渡る …………………… 20
- 石の上にも三年 ………………………… 22
- 千里の道も一歩から …………………… 24
- 勝って兜の緒をしめよ ………………… 25

第2章 トラブルとどう向き合う？

- 泣きっ面に蜂 …………………………… 28
- 覆水盆に返らず ………………………… 30
- おぼれる者は藁をもつかむ …………… 32
- 七転び八起き …………………………… 34
- 急がば回れ ……………………………… 36
- 三人寄れば文殊の知恵 ………………… 38
- 負けるが勝ち …………………………… 40
- 雨降って地固まる ……………………… 41

こんな仲間もいるよ！
体の一部の名前が入ったことわざたち ‥ 42

第3章 ふだんから忘れないで！

- 猿も木から落ちる …………… 46
- 口はわざわいのもと …………… 48
- 仏の顔も三度 …………… 50
- 一寸の虫にも五分の魂 …………… 52
- 早起きは三文の徳 …………… 54
- 取らぬ狸の皮算用 …………… 56
- 虎の威を借る狐 …………… 58
- のどもと過ぎれば熱さを忘れる … 59

第4章 世の中を知っておこう！

- 人の噂も七十五日 …………… 62
- 悪事千里を走る …………… 64
- 一寸先は闇 …………… 66
- 三つ子の魂百まで …………… 68
- 魚心あれば水心 …………… 70
- 海老で鯛をつる …………… 72
- 情けは人のためならず …………… 74
- 渡る世間に鬼はない …………… 75

第5章 将来の夢をかなえるために！

- 井の中の蛙大海を知らず …………… 78
- 時は金なり …………… 80
- 果報は寝て待て …………… 82
- 一を聞いて十を知る …………… 84
- 能ある鷹は爪をかくす …………… 86
- 笑う門には福来たる …………… 87

こんな仲間もいるよ！
- 動物の名前が入ったことわざたち …………… 88

ことわざ、きわめる！

- 人体に関することわざ ……… 10
- 動物に関することわざ ……… 26
- 数・色に関することわざ …… 44
- 植物に関することわざ ……… 60
- 食べものに関することわざ … 76

《腕試しをしてみよう！》ことわざおさらいクイズ！ …………………………… 90

まだまだあるよ！　ことわざコーナー ………………………………………… 94

この本の見方

この本では、たくさんのことわざがキャラクターになって登場します。それぞれのことわざの意味や由来、使い方などを、キャラクターたちが紹介していきます。

- ことわざのおもな特色をひとことで表しているよ。
- ことわざの名前だよ。
- ことわざのイメージをイラストにしたキャラクターだよ。
- 「どんな意味？」では、ことわざの意味や由来について説明しているよ。
- 「どんなふうに使われる？」では、じっさいの生活のなかでどう使われるのかを説明しているよ。

- ことわざのもつおもな特徴を簡単に紹介しているよ。
- 「ことわざトリビア」では、ことわざに関係する、ためになる豆知識を紹介しているよ。
- 「知りたい！ことわざ」では、ことわざについてくわしく見ていくよ。
- 「○○の仲間」では、関係の深いことわざキャラクターを紹介しているよ。

この本では、みんなの気もちに合ったことわざを章ごとに紹介しているよ。
第1章　成長するためのヒント！　ステップアップしたい！　と思ったときに見てみよう。
第2章　トラブルとどう向き合う？　苦しい状況を切り抜ける知恵を知っておこう。
第3章　ふだんから忘れないで！　いつも心に留めておきたい、ためになることわざだよ。
第4章　世の中を知っておこう！　人生を上手に渡っていくために、世の中について考えよう。
第5章　将来の夢をかなえるために！　目指す姿になるために、心がけたいことわざだよ。

ことわざたんけん隊

こと男
国語が苦手な男の子。むずかしいことばを聞くと、ついうとうとしてしまう。

わざ子
好奇心おう盛で元気いっぱいの女の子。ことわざをもっと使ってみたいと思っている。

テング先生
ことわざの道を究めたテングの長。ことわざをもっと広めるために人間の世界を飛び回っている。

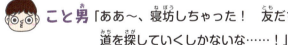

 こと男「ああ〜、寝坊しちゃった！ 友だちと約束した時間に遅れちゃうよ！ ここは近道を探していくしかないな……！」

 わざ子「こと男ったら、あわてすぎよ。"急がば回れ"っていうじゃない。」

 こと男「回れって、くるくる回っていたら目が回っちゃうよ！」

 テング先生「急がば回れとは、急いでいるときは確実な方法をとれということわざじゃ。ちょっと落ち着いて『ことわざのキホン』を学んでいかんか？」

ことわざのキホン

みなさんは「ことわざ」を、いくつ知っていますか？ ことわざはわたしたちにとって、なじみ深く、日常会話にもよく登場します。でも身近にあるにもかかわらず、「ことわざってなに？」と質問されたら、きちんと答えられる人は少ないのではないでしょうか。ここでは、そんなことわざのキホンについて学びましょう！

ことわざってどんなもの？

ことわざは、人生に役立つ知恵がつまった短いことばとしてたくさんの人に使われながら、長い間に渡って語りつがれてきたんだ。

ことわざには、生きるためのヒントが示されていることが多いよ。たとえば、「案ずるより産むが易し」（⇒16ページ）のように、挑戦する勇気をくれるものもあれば、「石橋をたたいて渡る」（⇒20ページ）のように慎重さがたいせつだと教えてくれるものもあるんだ。

またことわざには、ある状況をなにかにたとえた表現がよく登場するよ。たとえば、「覆水盆に返らず」（⇒30ページ）は、盆からこぼれた水のようすをたとえにしたことわざ

> ことわざを使えば、いいたいことがスムーズに伝わるのね！

で、「一度やったことはやり直せない」という意味。ただ「軽はずみなことはしないように」といわれるより、ずっと親しみやすいよね。こんなふうに、人々が培ってきた知恵や経験を、イメージしやすいことばでわかりやすく表しているんだ。

> 長い間伝えられていることばだからこそ、共感も得やすいんじゃ。

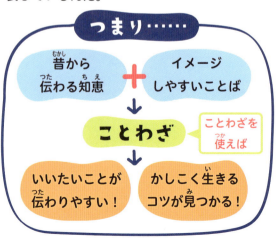

ことわざイロイロ

ことわざには、わたしたちにとって身近なものがいろいろ出てくるよ。

人体に関することわざ

口や顔、耳など、わたしたちにとって一番身近な体の一部が使われているものがあるよ。

たとえば……
- 口はわざわいのもと（⇒48ページ）
- 仏の顔も三度（⇒50ページ）

など

動物に関することわざ

ことわざには、動物もよく登場するんだ。どんな動物がいるか探してみよう！

たとえば……
- 猿も木から落ちる（⇒46ページ）
- 虎の威を借る狐（⇒58ページ）

など

数・色に関することわざ

ことわざの数や色は、実際の数や色を指すのではなく、イメージとして使われることが多いよ。

たとえば……
- 朱に交われば赤くなる（⇒44ページ）
- 人の噂も七十五日（⇒62ページ）

など

植物に関することわざ

「花」や「木」と表現しているものもあれば、具体的な植物の名前を使ったものもあるよ。

たとえば……
- いわぬが花（⇒60ページ）
- どんぐりの背くらべ（⇒60ページ）

など

食べものに関することわざ

食べものを使ったことわざもいろいろあるよ。見ていると、なんだかおなかがすいてしまうかも？

たとえば……
- たなからぼたもち（⇒76ページ）
- もちはもち屋（⇒76ページ）

など

もっとたくさんのことわざを知りたくなってきたよ！

ことわざ、きわめる！

人体に関することわざ

　この本の中にも、耳や口、のどなど、体の一部を使ったことわざキャラクターたちが、たくさんいるよ。たとえば「寝耳に水」（⇒43ページ）や「口はわざわいのもと」（⇒48ページ）、「のどもと過ぎれば熱さを忘れる」（⇒59ページ）がそうだね。

　それから、「必死にがんばっても手ごたえがなくて、思うような効果が現れない」という意味の「のれんに腕押し」ということわざや、「苦労したことがむくわれず、つかれただけで終わること」を表す「骨折り損のくたびれもうけ」なんてことわざがあるよ。

　また、おなじ体の部分を使ったことわざでも、べつの意味になることがあるんだ。「腹が減っては戦ができぬ」は「おなかをすかせていては十分な働きができない」ということ。これに対して、「腹八分に医者いらず」（⇒43ページ）は、「おなかをいっぱいに満たさないほうが体によい」ということわざなんだ。

　ほかにも、体の一部を使ったことわざはいっぱいあるよ。全身のパーツを見つけてみてね！

体の一部が使われていると親しみやすいのう。

聞くは一時の恥 聞かぬは一生の恥

気になることは、その場で解決！

「聞く」というのは質問するという意味だよ。

▶▶ 「聞くは一時の恥」というのは、質問して恥をかいたとしても、それはそのときだけのことという意味さ。

▶▶ 「聞かぬは一生の恥」というのは、質問しないで疑問をかかえたままだと、ずっと恥をかき続けるということをいっているんだ。

▶▶ 疑問はそのままにしないで、積極的に質問して、できるだけ早く解決しよう。

ことわざトリビア

- おなじ意味のことわざに「聞くは一時の恥 聞かぬは末代までの恥」や「知らずば人に問え」がある。
- おなじような意味を表現した英語で"Nothing is lost for asking."（質問しても失うものはなにもない）ということばがある。

どんな意味？

ぼくは、わからないことがあったら思い切って質問するようにしているんだ！ そりゃあぼくだって、「わからない」っていい出すことが恥ずかしいときもあるよ。でも、質問しても恥ずかしいのはそのときだけ。ちょっと勇気を出して質問すると、わからなかったことがわかるようになって、とても気分がすっきりするんだ。つまり、「聞くは一時の恥」ってことだよ。

でも、もし恥ずかしがって質問しないでいたら、ぼくはずっと「わからないこと」をかかえたままってことになる。知ったかぶりをして、この先ずっと恥をかき続けるかもしれないよね。これを「聞かぬは一生の恥」っていうんだ。

> ちょっとの勇気で一生が変わるんだね！

どんなふうに使われる？

みんなそれぞれに「わからないこと」をかかえているんじゃないかな。なかには「質問するのは恥ずかしいし、バカにされるかもしれない」なんて思っている人もいるかもしれないね。でも、そのままにしておくと、いつまでも気もちがもやもやしてしまうよね。そんなときは、ぼくを思い出してほしいんだ。「聞くは一時の恥 聞かぬは一生の恥」と自分にいい聞かせて、元気に「教えてください！」と、質問するのさ。その勇気が、「一生の恥」からきみを守ってくれるんだ。

きみに質問された人は、きっとていねいに疑問に答えてくれるはずだよ。きみが質問されたときも、相手の勇気を受け止めて、ていねいに答えてあげてね。ぼくは「わからないこと」がある人みんなの味方だよ！

> 恥ずかしがっている場合ではないぞ！

ぼくの仲間

百聞は一見にしかず

この子には、「人の話を100回聞くよりも、一度自分の目で見たほうがたしかなことがわかる」っていう意味があるんだ。「しかず」というのは「およばない」という意味。成長するために積極的に行動するというところが、ぼくと似ているね。

好きこそものの上手なれ

好きになればうまくなる！

好きなことをとことんきわめよう！

好きだからこそ、集中できるし、たくさん練習したくなる。だから上達が早いのね。

わたしは「好きなことは上達が早い」という意味なの。

わたしは苦手を克服するときにも、役に立つわよ。

ことわざトリビア

- おなじ意味のことわざに「好きは上手のもと」や「道は好むところによって易し」がある。
- 「上手なれ」は「上手である」という意味を表していることば。「上手になれ」という意味でとらえないよう注意。

どんな意味？

泳ぐことが好きなカッパはたくさんいるけれど、わたしの「泳ぎ好き」は、とくにずば抜けているの。もの心ついたときから、ひまさえあれば泳ぎ回っていたわ。そうしたら、いつのまにか泳ぎがみんなより上手になったの。じまんじゃないけれど、泳ぐのが得意なカッパたちのなかでもわたしはトップクラスよ。フォームもきれいだし、速さだってみんながおどろくほどなの。いまでは水泳のコーチもしているのよ。

こんなふうに「好きなことを一生懸命にやっていると、上達が早い」というのがわたしのもつ意味よ。好きだからこそ、たくさん練習したくなるし、集中もするから、より早い成長につながるのね。

> 好きなことがたくさんあって困っちゃう！

どんなふうに使われる？

あなたのまわりにも、好きなことを続けて、どんどん上達した人がいるんじゃない？たとえば子どものころからサッカーが大好きで、おとなになってプロの選手になった人。あるいはピアノをひくことが大好きで、コンクールで優勝した人。2人ともまさに「好きこそものの上手なれ」ね。

あなたも好きなことがあるなら、それを一生懸命にやってみて。スポーツでも勉強でも、きっとめきめき上達するわよ。

それから、わたしは苦手を克服したいときにも役に立つわ。まずは心のなかでわたしの名前を唱えて。そして苦手なことのなかから、「これならできる」「ここは好き」を探してみて。少しずつでも好きになれたらこっちのもの。「苦手」が「得意」に変わるはずよ！

わたしの仲間

下手の横好き

残念だけど、好きなことでも、なかなか上達しないってこともあるみたい。下手の横好きは、「とっても好きなんだけれど、けっして上手ではない」っていう意味なの。でも、本当は上手なのに、自分の腕前をひかえめにいうために使うことも多いわ。

> ぼくも歌うのが好きだけど、音痴なんだよな〜。

案ずるより産むが易し

なやんでいないで、まず行動！

うじうじするのは、うちには合わへん！

▶▶ うちは、お母ちゃんが赤ちゃんを産むときのことが由来になっていることわざや。

▶▶ 「案ずる」は「心配する」、「易し」は「簡単」ゆう意味や。つまり、うちは心配するより挑戦しなはれという意味なんよ。

▶▶ チャレンジしようかどうか迷っている人たちをはげますのが、うちの役目や。

ことわざトリビア

- 「案ずる」には心配するという意味だけでなく、「考える」または「考えをめぐらす」という意味もある。
- 意味が似ていることわざに「案じるよりだんご汁」がある。心配してもしかたがないから、だんご汁でも食べて気楽に結果を待つという意味。

どんな意味？

うちは、関西生まれの関西育ち。3人の子どもの子育て真っ最中、元気バリバリのお母ちゃんや。こんなうちでも、はじめて子どもを産むときは、不安と心配でいっぱいやったんよ。夜もあまりねむれへんし、食事ものどを通らないくらいやったわ。ところがいざ産んでみると、「なんや、心配しすぎてたわ」と思ったんや。

うちの名前にある「案ずる」は「心配する」、「易し」は「簡単」という意味なんよ。つまりうちは、「あれこれ心配するより、まずチャレンジしてみなはれ」という意味。みんなをはげますことわざなんや。

うちの経験からいっても、たいがいのことは心配していたよりずっと簡単にできてしまうもんや。

どんなふうに使われる？

上の学年に進級するとき、クラスがえがあるやろ。そんとき「新しいクラスメートと仲よくできるやろうか」とか心配して、ドキドキしてへん？　でも勇気を出して話しかけたら、すぐ友だちになれることが多いねん。これはまさに「案ずるより産むが易し」ということや。

みんなの前で、あんたがなにかの発表をせなあかんときもそうや。不安や心配でいっぱいになってしまったら、うちのことを思い出してや。いざ発表をはじめると、ふんぎりがついて、けっこううまくできるってこともあるんやで。大丈夫、うちがついてるんやから、なんも心配することなんかあらへん！

あれこれと考えるよりも、まず挑戦してみるのがたいせつやってことをおぼえておいてな。

知りたい！ことわざ

反対の意味のことわざ

ことわざには反対の意味をもつものがよくあるんや。たとえば、「あとは野となれ山となれ」（いまがよければ、あとはどうなってもいい）ってことわざがある一方で「立つ鳥あとをにごさず」（去るときは、きれいにあと始末をすべき）ってのもあるんや。そのときどきで、いまの自分に必要なことわざを上手に選んでいくことがたいせつやな。

> 一度うまくいけば、つぎからは挑戦しやすくなるぞ！

虎穴に入らずんば虎子を得ず

失敗をおそれず チャレンジ！

大きな成功を得るには リスクがつきもの！

▶▶ 「虎穴」はトラがすむほら穴、「虎子」はトラの子どもという意味だ。

▶▶ 危険や失敗をおそれずに、チャレンジしなければ、ほしいものは手に入らないんだぜ！

▶▶ 前に進むのがこわくなったときは、おれを思い出してくれ。きっと勇気がわいてくるぜ。

ことわざトリビア

- トラは自分の子どもをたいせつに育てることから、手放せないほど大事なものを「虎の子」という。
- 似たことわざに、「危ないところに登らねば熟柿は食えぬ」がある。熟した柿は高いところに登らなければ手に入らないことが由来。

どんな意味？

「虎穴」というのは、トラがすんでいるほら穴のこと。いつおそろしいトラにおそわれるかわからない、危ないところだ。「虎子」はトラの子どものこと。虎子はとてもめずらしいから、大事なことや価値があることのたとえとして使われることが多いんだぜ。貴重な「虎子」を手に入れるためには、「虎穴」に入らなければならないんだ。

つまりおれは、危ない目にあうことをおそれずにチャレンジしなければ、ほしいものを手に入れたり、大きな成功をおさめたりすることはできないという意味なのさ。おれも覚悟を決めて虎穴に入って、なんとか虎子を手に入れたところだ。

> 手に入れたいものが大きいほど、困難も大きいものなんじゃ。

どんなふうに使われる？

なにかにチャレンジすれば、大きな壁にぶつかることもあるよな。壁が大きすぎて、前に進むのがこわくなることだってあるかもしれない。そんなときに「よし！ やってやる！」と、覚悟を決める手伝いをするのが、おれの役目なんだ。

じつはおれだって、こわくて何度も虎穴の前からにげ出そうと思ったんだ。でも、虎子をつかまえるのは、長年のおれの夢！ あきらめるわけにはいかないよな。だから何度も「虎穴に入らずんば虎子を得ず」といって、自分をはげましたんだ。おまえも「もうダメだ！」と思ったときは、おれを思い出してくれ。ほら、「前に進んでみよう！」って勇気がわいてきただろう？ おまえの挑戦を、おれはいつだって応援しているからな！

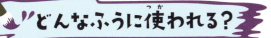

おれの仲間

君子危うきに近寄らず

「すぐれた人は危ないことには近づかない」っていうのが、こいつの意味だ。おれが危ない目にあっても前に進もうとすると、こいつはかならず「やめたほうがいい」っていうんだ。おれのことを心配してくれているんだろうけど、ちょっとおせっかいかもな！

> 危険をさけることがたいせつなときもあるんだね！

石橋をたたいて渡る

慎重に、もっと慎重に……

用心深いのは、悪いことじゃないぞ！

▶▶ なにかをするときにはしっかり準備をする。そうすれば、どんなことでも落ち着いて取り組めるんだ。

▶▶ ぼくは、がんじょうな石橋を渡るときもたたいて安全をたしかめるほど、慎重で用心深い性格なんだ。

▶▶ ちょっとくやしいけれど、ぼくは「すばやい決断ができない臆病者」という意味で使われることがあるよ。

ことわざトリビア

- 反対の意味を表すことわざに、「危ない橋を渡る」などがある。
- さらに意味を強めて「石橋をたたいても渡らない」ということもある。
- ほかに、用心深くあることのたいせつさを表すことわざとして「念には念を入れる」や「浅い川も深く渡れ」などがある。

どんな意味?

ぼくはいつも危ないものはないか、チェックしながら歩いているんだ。がんじょうな石橋を渡るときも、あちこちをたたきながら歩いているよ。なぜかって？ だって、万が一橋がこわれていたら危ないだろう？ こんなふうに「用心を重ねて、慎重に行動する」、それがぼくのもつ意味なんだ。

だからぼくは、いつも「慎重に、もっと慎重に」を心がけているわけさ。そんなぼくに、「それほど心配しなくても、大丈夫」と声をかけてくれる人もいるけれど、やっぱり安心できないよ。だって、いまの世の中、危険がたくさんあって心配ごとはつきないからね。ときどき、がむしゃらに進むだけの人を見かけるけれど、「大丈夫かなぁ」と心配になっちゃうよ。

どんなふうに使われる?

どんなときでも、自分がもつ意味に恥じないように行動するのが、ぼくのルールなんだ。テストの前だって、しっかり勉強しておけば安心だし、買いものに行くときだって、なにを買うのかメモしておけば買い忘れもしない。出かけるときの戸じまりだって、念には念を入れて何度も確認しているよ。だからいつも安心してものごとに取り組めるんだ。

でも、そんなぼくのことを「用心深いにもほどがある」という人がいるんだ。「臆病で、すばやい決断ができない」と思っている人もいるらしい。そんなときに「石橋をたたいて渡る人」っていわれることもある。こんなときぼくを使うのは皮肉で、けっしてほめことばじゃないんだって、あとから気づいたよ。とほほ。

> 確実に前進するためには、だいたんさと慎重さのどちらも必要なのね。

ぼくの仲間

転ばぬ先のつえ

つえは転んでからではなく、転ぶ前につくもの。「失敗しないように十分な準備をしておくべきだ」という彼らとぼくは、とても気が合うんだよ。「まず行動！」という人こそ、ぼくらのことをおぼえていてほしいな。そうすれば失敗を減らせるはずだよ。

石の上にも三年

あきらめずに努力し続けることがたいせつじゃ！

がまん強く続ければむくわれる！

▶▶ 石の上に座り続けて3年。冷たくて座っているのがつらかった石も、ようやく温まってきたわい。

▶▶ わしは、つらくても努力を続ければ成功に結びつくという意味なんじゃ。

▶▶ おぬしたちも、すぐに結果が出なくとも、あきらめずに努力することを忘れてはいかんぞ。

ことわざトリビア

■ おなじ意味のことわざに「茨のなかにも三年のしんぼう」や「菰（マコモという植物で編んだしきもの）の上にも三年」などがある。

■ 石を使ったことわざにはほかに、ふだんは慎重な人がときにだいたんなことをするという意味の、「かたい石から火が出る」などがある。

22

どんな意味？

わしがかたい石の上に座り続けて、3年になるぞ。なぜそんなことをしているかって？それはわしの体温で冷たい石を温めるためじゃよ。3年間座り続けたら、冷たかった石も、ようやくほんのり温かくなってきたんじゃ。正直、この3年間はつらかったのう……。しかし、そのかいあって、ようやくここまできたわい。わしはこのように「つらいことがあっても、がまんして努力を続けていればきっと目標にとどく日がやって来る」という意味なんじゃ。

たいして努力していないのに、すぐによい結果を求める者には、わしからの教えをさずけてしんぜよう。よい結果は、長い間がんばって、はじめて得られるのじゃ。これを忘れるでないぞ。

どんなふうに使われる？

「たくさん練習したけど勝てなかった」「がんばって勉強したけど、いい点数がとれなかった」……世の中にはうまくいかないことがたくさんある。おぬしたちのなかにも、なかなか結果が出ず、「もう、あきらめよう」と思っている者がきっとおるじゃろう。そんなときこそ、投げ出したくなる気もちを、ぐっとこらえて「石の上にも三年」と、つぶやいてみい。そして、つらくともしんぼう強く努力を続けるんじゃ。3年間かかってようやく自分の体温で石を温めることができたわしの経験からいっても、努力はかならずむくわれるときがくるはずじゃぞ。

あきらめるのはいつだってできるんじゃよ。いまたいせつなのは、つらくとも、自分が進もうと決めた道でがんばることじゃぞ。

わしの仲間

雨だれ石をうがつ

彼らもわしに負けない努力家でのう。ポツンポツンと1粒ずつ落ちる雨だれでも、長い時間をかければ石に穴をあけることができるように、小さい努力を積み重ねれば、いずれ大きなことをなしとげられるということを教えてくれておるんじゃ。

「ちりも積もれば山となる」も、似た意味のことわざとして有名じゃな。

千里の道も一歩から

まず一歩ふみ出そう！

こわがらず、はじめてみない？

▶▶「千里」は、とても長い距離のこと。目的地までの長い道のりも、最初の一歩からはじまるのよ。

▶▶あたしは大きな目標をもった人の味方。小さな努力の積み重ねが、いつか実を結ぶのよ。

どんな意味？

あたしには夢があるの！ いまその夢に向かって最初の一歩をふみ出したところよ。名前にある「里」は距離を表す単位で、「千里」はとても長い距離のこと。「どんなに道のりが長くても、まずは歩き出すことがたいせつ」。それがあたしにこめられた意味よ。

どんなふうに使われる？

正直、夢を実現するのはたいへんよ。でも、けっしてあきらめないで！ 「千里の道も一歩から」と自分をはげまして、小さなことから少しずつ積み重ねていきましょ。夢をあきらめようとしている人がいたら、あたしのことを教えて、応援してあげてね。

勝って兜の緒をしめよ

うまくいっても、油断しない！

気合を入れ直してやるぞ！

▶▶ 「兜の緒」は兜をかぶるときに結ぶひものこと。おれは、もともと戦いに勝ったときこそ、兜のひもをしめ直してつぎに備えろ、という意味だ。

▶▶ だれでもうまくいったときは、つい気がゆるむ。そんなときにおれをよんでくれ。

どんな意味？

戦いに勝ってもおれは兜を脱いで、休んだりはしない。むしろ、兜の緒をしめ直して、つぎの敵に備えるんだ。「兜の緒」は兜をかぶるときに結ぶひもだ。そう、おれはものごとがうまく進んでも油断しないで、さらに気を引きしめろという意味さ。

どんなふうに使われる？

テストの結果がよかったり、スポーツでライバルに勝ったりすると気がゆるみがちだ。だが、油断は禁物。つぎはもっとむずかしい問題が出るかもしれないし、きみに負けたライバルは必死に練習するはずだ。気がゆるみそうになったら、ぜひおれをよんでくれ。

ことわざ、きわめる！

動物に関することわざ

　「猫にかつおぶし」（⇒88ページ）や「犬も歩けば棒にあたる」（⇒89ページ）など、身近にいる動物の名前が入ったことわざは、たくさんあるよ。
　でもことわざに使われるのは身近にいる動物ばかりではないんだ。たとえば、「虎穴に入らずんば虎子を得ず」（⇒18ページ）や「虎の威を借る狐」（⇒58ページ）などのことわざに使われるトラは、中国やインドなどにすむ動物。また、百獣の王といわれるライオンの登場することわざもある。「ししの子落とし」ということわざの、「しし」はライオンのことなんだ。「自分の子に試練をあたえて、能力を試したり、きたえたりする」という意味だよ。強い猛獣ならではの、きびしいことわざだね。
　ほかの生きものも登場するよ。「能ある鷹は爪をかくす」（⇒86ページ）や「鶴の一声」（⇒89ページ）のように鳥の名前を入れたことわざや、「魚心あれば水心」（⇒70ページ）や「海老で鯛をつる」（⇒72ページ）のように魚が使われていることわざもある。「虻蜂取らず」（2つのものを同時に得ようとしても失敗することから、欲ばると損をするということ）のように、虫だってことわざに入っているよ。動物に関することわざを集めたら「ことわざの動物園」ができそうだね。

それぞれの動物の特徴が、よく表れているのう。

第2章
トラブルとどう向き合う？

わたしたちは困難な状況や、ピンチの切りぬけ方を表すことわざさ。人生は山あり谷あり、うまくいかないときもある。ここではつらいこと、苦しいこととの向き合い方や対処のしかたを、わたしたちと学んでいっておくれ。

泣きっ面に蜂

> もっと痛い目にあわせちゃうわよ！

悲劇はさらに続く!?

▶▶ アタシは、泣いているときにさらにハチにさされるように、不幸が続くって意味なの。

▶▶ ピンチを1つ乗りこえても、べつのピンチがやってくるかもしれないから油断しないで。

▶▶ アタシが出てきても、あきらめないで、じっとたえてほしいわね。

ことわざトリビア

- スペインにはおなじような意味のことわざとして、「やせた犬にはノミがたかっている」がある。
- 反対の意味のことわざに、「自分にとって都合がよいことが重なる」ことを表す「鴨がねぎを背負ってくる」がある。

どんな意味？

悲しくて泣いているところにハチが来て、その泣き顔をさされる。悲しいうえに痛い目にもあうなんて、想像しただけでうんざりしちゃうわよね。こんなふうに不幸や不運が続けて起こるときは、アタシがそばにいるはずよ。アタシには、つらい思いをしている人に、さらに苦しみをあたえてしまわずにはいられないというクセがあるのよ。

みんなは「イヤなヤツ」って思うかもしれないわね。けれど、アタシは「悪いことが続けて起こる」っていう意味だからしかたないわ。みんなアタシには会いたくないでしょうね。けれど、アタシはアナタたちのことをいつもこっそり見ているわ。悪いことが起こったらすぐ飛んでいくわよ。

> 悪いことが重なるなんて最悪ね……。

どんなふうに使われる？

サッカーの試合で相手にゴールを決められたと思ったら、そのすぐあとに自分のミスでさらに点を取られて完敗……。これはまさに「泣きっ面に蜂」ね。

ほかにも、学校に行くときに走っていたら、転んでけがをしたうえに、遅刻をして先生にしかられた……なんてときもそう。おかしの食べすぎでしかられて、さらにおなかをこわした……とかね。アタシの出番はいくらでもあるわ。人生ってうまくいかないものなのよ。

こんなとき、アナタは「もうだめだ」ってあきらめてしまうのかしら。それとも、「いまはがまんのときだ」と思って、じっとたえるのかしら。お手並み拝見ね。でも、1つだけ教えておいてあげる。つらいことを乗りこえた分だけ、アナタは成長できるはずよ。

アタシの仲間

一難去ってまた一難

アタシはきらわれ者だけど、おなじような意味をもつ仲間はたくさんいるの。彼もその1人ね。災難を切り抜けて一安心していたら、またべつの災難がやってくるって意味なの。そんな彼もわたしも、がまんしていれば、そのうちいなくなるから安心して！

> ぼくなんか、寝坊して転んでけがして、そのうえ遅刻までしたことあるよ……。

覆水盆に返らず

けっして、もどれない！

やり直せばいいやって思ってない？

▶▶ おいらは、こぼれた水はうつわにもどらないように、取り返しがつかないって意味なんだ。

▶▶ 失敗から学べることはたくさんあるけど、やり直しができないこともあるんだって知ってほしいな。

▶▶ きみが軽はずみなことをしないように、おいらはいつも見守っているよ！

ことわざトリビア

■ 大昔の中国の武将で政治家でもある呂尚が別れた妻から復縁を申しこまれたとき、盆の水をこぼして、「この水をもどせたら復縁しよう」といったことが由来ともいわれている。

■「覆水盆に帰らず」と書くのは誤りなので注意。

どんな意味？

「覆水」は、うつわをひっくり返してこぼれた水のことなんだ。うつわからこぼれた水は二度ともとのうつわにはもどらないように、一度やってしまったことは取り返しがつかないという意味がおいらにはあるのさ。

おいらだって、きみが失敗したらぜひやり直してほしいと願っているよ。でも、一度やってしまったら絶対にやり直しができないこともあるんだ。だから「あとでやり直せばいいや」とか「あやまれば、どんなことだって許してもらえるよ」なんて軽い気もちでいると、とんでもない結果になってしまうことだってあるんだよ。

だから、あとのことを考えずにいいかげんな行動をしている人を、おいらは見逃せないんだ。

どんなふうに使われる？

きみは両親に注意されて、つい強く口答えしてしまったことってないかい？ そのとき出たことばはきみの本心じゃないと思うけど、きっと相手を悲しませてしまったんじゃないかなあ。「あやまればいいや」って思うかもしれないけど、口から出たことばは覆水とおなじ。もうもとにはもどせないんだ。

あるいは、きみのなにげない行動で、友だちとの仲にひびが入ってしまったこともあるかもしれないね。なかなか仲直りできないなら、やはり「覆水盆に返らず」だよ。

そうならないためには、軽はずみなことをしないことさ。いらいらしたり、調子に乗ってしまったりしたときは、ゆっくり深呼吸してみよう。きっとおいらを思い出して、あとのことを考えた行動ができるはずだよ。

おいらの仲間

後悔先に立たず

この人はおいらの仲間のなかでもけっこう有名だよ。どんなことも、終わってからくやんでもどうしようもないという意味なんだ。後悔しないように、きちんと準備をしてからはじめようという意味で使われることもあるよ。

先を予想して準備してから行動じゃ！

おぼれる者は藁をもつかむ

苦しいときには、どんなものにもすがりたい！

ぼくにはたよらないでね〜。

▶▶ じつはぼく、もともと英語のことわざだったんだ。

▶▶ 苦しいときやつらいときは、ぼくみたいにたよりないものにも助けを求めてしまうんだよね。

▶▶ 困ったときこそ、落ち着いて考えて行動してほしいんだ。ぼくからのお願いだよ。

ことわざトリビア

- 「おぼれる者は藁にもすがる」ともいう。
- このことわざは、7文字ずつでことばが区切れる「七七調」という形式になっている。七七調はリズムがよく、おぼえやすい。「壁に耳あり障子に目あり」（⇒49ページ）なども七七調のことわざ。

どんな意味？

英語のことわざ"A drowning man will catch at a straw."を訳したのが、ぼくさ。どんな意味かって？ じつはぼく、おぼれている人に「助けて！」ってつかまれることがよくあるんだ。でも、軽くてひょろひょろの藁だから、つかまれてもいっしょにしずんじゃうんだよね。つまりぼくは、人は苦しいときやつらいとき、たよりにならないものにでもすがろうとする、という意味なんだ。

苦しいときって、とにかくあわてているし、助かりたくて必死になってしまうんだよね。ぼくだってつらい思いをしている人を助けてあげたいけど、無理なものは無理！「冷たいヤツ」なんて思わず、ぼくのことわかってほしいな。

> だれにでもいいから助けてもらいたいときも、たしかにあるよね。

どんなふうに使われる？

きみは、宿題が終わらなくてピンチのとき、飼っているネコやイヌにまで「手伝って！」っていいたくなってしまうことはない？ もちろん無理なのはわかっているけど、「おぼれる者は藁をもつかむ」思いで、ペットにすがりたくなっちゃったってことさ。

そんな気もちのときは、悪い人にだまされてしまうことも多いから注意が必要だよ。自分を本当に助けようとしてくれているのかどうか、正しい判断ができなくなってしまっているからね。

苦しい状態を抜け出すために、なにかにすがりたいって気もちはよくわかる。でも行きあたりばったりなことをしている人を見ると、ぼくはとても心配になるよ。ピンチのときこそ落ち着いて、よく考えて行動してね。

ぼくの仲間

苦しいときの神だのみ

彼はふだん神を信じていない人に、急にたよられて困ることがあるっていってたなあ。たしかに彼は「苦しいときだけ、あまりつき合いがない人にもたよろうとする」って意味だけど……。自分の都合で相手を利用する人は、ぼくらにとってなやみの種なのさ。

> 都合よくたよられても、神様だって困っちゃうわね！

七転び八起き

> おいどんのド根性、分けてあげるでごわす！

何度失敗しても、立ち上がれ！

▶▶ おいどんは、何度失敗してもめげずに立ち上がるんでごわす！

▶▶ うきしずみの多い人生のたとえとして、おいどんが使われることもあるでごわす。

▶▶ おいどんは、失敗しても立ち上がろうとする人を、心から応援しているでごわす。

ことわざトリビア

- このことわざで使う「七」や「八」は「何度も」という意味で、具体的な回数を表しているわけではない。
- 「七転び」に対して「八起き」という回数は、最初に起きていたときを1回と数えるからだという説がある。

どんな意味？

おいどんは、名前の通り7回転んでも8回起きるというド根性のもち主！ 何度失敗しても、くじけずに立ち上がるという意味があるんでごわす。「七転八起」という四字熟語は、使われている文字からもわかるように、おいどんとおなじ意味でごわすな。

一度や二度の失敗で、「もうダメだ」といってせっかくはじめたことをやめてしまう人もいるけど、それはもったいないってもんでごわすよ。一度も失敗しないで、成功する人なんてのはごくごくわずか。歴史に残る発明家や天才とよばれるようなスポーツ選手だって、数え切れんほどの失敗をしているんでごわすから。何度失敗してもあきらめないことがたいせつなんでごわす。

> あきらめなければ、きっと成功につながるわよね！

どんなふうに使われる？

「何度チャレンジしてもあのチームに勝てない」「いくら練習してもおなじところで失敗する」。人生にはくじけそうになる場面がたくさんあるんでごわす。そんなときはおいどんの姿を思い出して、「七転び八起きだ！ つぎこそやれるぞ！」と、自分を奮い立たせてほしいでごわすよ。きっとおいどんのド根性が、みんなの心にも伝わるはずでごわす。そうしてみんなが立ち上がる姿を見ると、おいどんも負けないようにがんばれるんでごわす！

それからおいどんは、うきしずみが激しい人生のたとえとしても使われることがあるんでごわすよ。人生は、いいこともあれば、苦しいこともあるんでごわすが、なにがあってもまたかならず起き上がれる。そう信じて強く生きていってほしいでごわす！

知りたい！ことわざ

おなじ意味のちがうことわざ

ちがうことわざでも、意味はおなじというものはたくさんあるんでごわす。たとえば、「馬の耳に念仏」や「犬に論語」は、どちらも「どんなに有意義な意見をいってもむだ」という意味なんでごわす。さまざまなシーンでたとえることで、より多くの人の共感を得て、ことわざは広がっていったんでごわすな。

> わしも何度もくじけそうになりながら、ことわざの道をきわめたんじゃよ。

急がば回れ

近道には要注意！

急いでいるときこそ、落ち着いて！

▶▶ 急いでいる人に、遠回りでも安全な道を行くほうが早く着くことを伝えるのが、わたしの役目さ。

▶▶ 目的を達成したいなら、近道はかえって危ないという教えでもあるんだ。

▶▶ わたしが活躍する場面は多い。急いでいるときはわたしを思い出して落ち着こう！

ことわざトリビア

- 反対の意味のことわざに、「よいと思ったらすぐに実行しなさい」という意味の「善は急げ」がある。
- 「回る」ということばには、「くるくると回転する」という意味だけでなく、「遠回りの道を行く」という意味がある。

36

どんな意味?

ちょっとちょっと、そこのきみ！　とてもあわてているようだけど、そんなにあせって大丈夫かい？　一度止まってわたしの話を聞いていってくれ。

きみはきっと、近道に見えるほうを選ぼうとしているね。でも、本当にその道でいいのかな。あわてていると、判断をまちがえやすいから、一度深呼吸して考え直してごらん。

そんなひまはないって？　いやいや、きみが選ぼうとしている道にどんな困難がかくれているか、落ち着いて考えてみなくちゃ、正しい判断はできないはずさ。

急いでいるときほど、確実な方法を選んだほうが、早く目的をなしとげられる。それがわたしの意味なんだよ。

> あわてると
> うまくいかないもの
> なんじゃよ。

どんなふうに使われる?

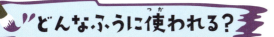

きみも「急がば回れ」っていう経験があるんじゃないかい？　友だちと待ち合わせて遅刻しそうになったから、近道を通ろうとしたら工事中だったとか、「あれもしなきゃ、これもしなきゃ」といろいろなものをいっぺんにやろうとして結局1つもちゃんとできなかったとか……。思い当たることはたくさんあるだろう？

そう、わたしが活躍する場面はとても多い。だからいつも大いそがしであちこちを飛び回っているんだ。

きみがあわててなにかを判断しようとしているときには、すぐにかけつけるよ。だからあせらずに、まずはわたしの名前をよんでみてほしい。きっと落ち着いて、たしかな方法を選べるはずさ。

> 急いでいるときに
> 限ってミスしちゃう
> ものだよなあ。

わたしの仲間

急いては事を仕損じる

わたしの親せきにあたるのがこの子だ。どんなことでも、急いでやるといいかげんになったり、十分な注意をしなかったりして失敗することが多いってことが、この子のもつ意味なんだ。だからゆったりとよゆうをもつことを、たいせつにしているのさ。

三人寄れば文殊の知恵

みんなで相談して解決！

いいアイデアうかんじゃった！

▶▶ わたしたちは、知恵をつかさどる文殊菩薩にあやかったことわざよ。

▶▶ 1人ひとりには、とくべつな知恵がなくても、3人集まればすぐれた知恵が生まれるの。

▶▶ ほかの人の知恵を借りるのは、恥ずかしいことなんかじゃないわ！

ことわざトリビア

- おなじような意味のことわざに「三人寄れば師匠の出来」（弟子も3人集まれば、先生とおなじくらいの仕事ができる）がある。
- 女の人はおしゃべりだから3人集まるとさわがしいという意味の「女三人寄ればかしましい」ということわざもある。

どんな意味？

「文殊」とは、仏教で知恵をつかさどる文殊菩薩のことよ。文殊菩薩はとてもすぐれた知恵のもち主とされているわ。

わたしたちはその文殊菩薩にあやかったことわざなの。わたしたち1人ひとりには、とくべつな知恵はないけれど、3人集まれば文殊菩薩のようなすぐれた知恵が出てきて解決できるという意味よ。

自分1人で問題に取り組んでいると、ずっとおなじような考えしかうかばないから、行きづまっちゃうこともあるわよね。でも、ほかの人の力を借りたとたん、新しいアイデアが生まれて、すんなり解決してしまうってことがあるのよ。1人じゃ文殊菩薩にはなれないけれど、3人集まればそれも不可能じゃないってことね。

どんなふうに使われる？

もしあなたが、友だちにサプライズでプレゼントをしようとしたらどうするかしら。1人で考えていても、相手があっとおどろくようなプレゼントは、なかなかうかばないかもしれないわね。困ったときは、ほかの人に相談しましょ。「三人寄れば文殊の知恵」っていうくらいだから、きっといいアイデアが出てくるはずよ。

この世の中、自分だけじゃ解決できないことってたくさんあるわ。もしかして「人の力を借りるなんて、めいわくかも」って遠慮しちゃう人もいるかしら？ でも、だれにだって得意なことと苦手なことがあるもの。あなたが力を貸せることだってあるはずよ。だから遠慮しないで、まずはあなたから相談してみてね。

わたしたちの仲間

船頭多くして船山に上る

「船頭」は船長のことなんだけど、この船には2人の船長がいるみたい。しかもどうやら海じゃなく、山に着いたらしいわ。「リーダーが多いと、それぞれがちがうことをいって、うまくいかない」って意味だからかしら。わたしたちと逆の状況になっちゃったのね。

わたしもこと男とテング先生に相談してみようっと！

負けるが勝ち

負けたってかっこ悪くないのよ〜。

「勝ち」につながる「負け」がある！

▶▶ 無理に争わないで相手に勝たせたほうが、結局は自分にとって得になることもあるのよ。

▶▶ たいせつなのは、目の前の勝ち負けよりも、全体を見て、一番重要なのはなにか判断することじゃないかしら。

どんな意味？

わたしは、いまは相手に勝ちをゆずっても、長い目で見れば得をすることもあるって意味。けっして負けおしみじゃないわよ。目的がかなうなら、むだに争わず、白旗をふって降参するわ。「負けたように見せて、じつは勝っている」なんてかっこいいでしょ？

どんなふうに使われる？

ゲームで弟に勝ちをゆずっても、それで弟の機嫌がよくなって、いっしょに楽しい時間を過ごせるなら、わたしはそのほうがうれしい。まさに「負けるが勝ち」ね。たいせつなのはなにが自分にとって重要なのかを見失わないことよ。

雨降って地固まる

> けんかしても、おれたち一生友だちだよな！

トラブルだって、悪くない！

▶▶ おれたちは、めんどうやもめごとがあったあと、かえって前よりもよい状態になるという意味なんだぜ。

▶▶ 雨が降ると地面はぬかるむけど、かわけば前よりもしっかり固まることがおれたちの由来なんだ。

どんな意味？

おれたちはじつはずっと仲が悪かったんだよな。これまで数えきれないくらいのけんかもしたんだ。だけど、いまでは大の仲よしさ。おれたちのように、もめごとがあったことで、かえってよい状態になることを「雨降って地固まる」っていうんだ。

どんなふうに使われる？

試合前に作戦会議をすると、みんなの意見がぶつかってけんかになることだってあるよな。もめごとが起こると、ひやひやするだろうけど、「雨降って地固まる」だ。いままでよりもっといいチームになれるって信じて、どんと構えていようぜ！

41

こんな仲間もいるよ！ 体の一部の名前が入ったことわざたち

「ことわざのキホン」や「人体に関することわざ」でも紹介したように、ことわざには体の一部を入れたものが多いんだ。それぞれ体の部分の特徴を利用して、その意味をわかりやすく表現しているよ。

うえー、苦い！ まったく、苦い薬は苦手だよ……。でもよく効くんだよなあ。この薬みたいに「自分にとってためになる忠告は、耳ざわりが悪いもの」というのがわたしのもつ意味さ。人からきびしいことをいわれるのはちょっとつらいけれど、成長のためには必要なのかもしれないな。

良薬は口に苦し

このこぶ、とってもジャマなの。よりによって目の上にできるなんてサイアク！ このこぶみたいな人ってときどきいるわよね。つまり、「自分より立場がちょっと上で、自分にとってジャマな人」、それがあたしの意味よ。あなたに「目の上のこぶ」がいたら、実力でその人を乗りこえなさい。

目の上のこぶ

きゃあ、びっくりした！ 寝ているところに水をかけるなんてあんまりよ！ たしかにわたしは「思いがけないことが起きて、とてもおどろく」って意味よ。「抜き打ちテストなんて、寝耳に水だよ」というふうに使うの。だけど、思いがけないことっていつもびっくりしちゃうわ。

寝耳に水

腹八分に医者いらず

「おなかいっぱい食べられて幸せ〜」なんていってるそこのきみ、ちょっと心配だなあ。おいらは「おなかいっぱい食べずに、八分目くらいにしておけば、健康でいられる」って意味なのさ。おいしいからって食べすぎると、体をこわしちゃうかもしれないから、気をつけるんだぞ。

目は口ほどにものをいう

え、なにかいったかって？ ぼく、なにもいってないよ！ たしかにぼくには「目は口で話すのとおなじくらい気もちを伝える」って意味があるよ。目はうそをつくとキョロキョロしちゃうし、うれしいときはキラキラかがやくもんね！ 口でいうよりも気もちが表れちゃうことだってあるかもね。

ことわざ、きわめる！

数・色に関することわざ

　数字が入ったことわざはいろいろある。でも、ことわざで使われる数字は、具体的な数を表していないことが多いんだ。たとえば、「七転び八起き」（➡34ページ）の「七」や「八」は「何度も」という意味だよ。また、「一を聞いて十を知る」（➡84ページ）の「一」は「一部」、「十」は「全部」という意味。これは大きな単位の数字が入った場合もおなじなんだ。「百害あって一利なし」（多くの害はあるが利益になることは1つもない）は、「百」が「たくさん」を表しているよ。また、「風邪は万病のもと（風邪をひくとほかのあらゆる病気になりやすい）」の「万」も「とても多い」ことを表すんだ。

　色が入ったことわざにも、いろいろあるよ。たとえば朱色の顔料は染める力が強いことから生まれた「朱に交われば赤くなる」は、人はつき合う相手や環境によって、よくも悪くもなるという意味で使われるよ。また、紺が入った「紺屋の白ばかま」（人のことでいそがしく自分のことは後回しだということ）というものもある。紺屋は染めもの屋のこと。染めものの専門家なのに、客の相手にいそがしく、自分は染める前の白いはかまをはいていることが由来だよ。

> 数や色を使ったことわざはたくさんあるぞ！

第3章
ふだんから忘れないで！

あたいたちは、つい調子に乗ったり、なまけちゃったりすることをいましめることわざなんだ。成長するためには、ふだんのちょっとした心がけがたいせつ。あたいたちを心に留めておけば、きっとなりたい姿に近づけるよ！

猿も木から落ちる

得意なことだからって、油断しちゃった。

名人も達人も失敗する！

▶▶ 木登りが得意なサルでも木から落ちることがある、つまり名人だって失敗することがあるんだ。

▶▶ この前、得意になって木登りしてたら、落っこちてけがしちゃったの。つまり名前どおりになっちゃったというわけよ。

▶▶ 得意なことだからっていい気になっていると、あたいの仲間になっちゃうよ！

ことわざトリビア

- サルに木登りを教えるように、「その人の得意なことをわざわざ教えるようにむだなことをする」という意味の「猿に木登り」ということわざもある。
- 目上の人に使うと、その人をサルと見なしてしまうので、失礼にあたるとされている。

どんな意味？

あたいは木登りが大の得意なの！ どんな木にだってあっというまに登れるんだよ。どう？ すごいでしょ。

な～んて調子に乗っていたら、このとおりよ。いつもみたいに得意になって木登りをしていたら、うっかり足をすべらせて木から落ちちゃったんだ。テヘヘ。

「猿も木から落ちる」っていうのは、木登りが得意なサルも、木から落ちることがあるように、その道の名人や達人でも失敗することがあるというたとえなんだ。それにしてもまさか、あたいが木から落ちるなんて思っていなかったなあ。だって木登りには自信があったんだもの。得意なことをしているときって、つい油断してしまうんだって、けがをしてはじめてわかったよ。

どんなふうに使われる？

みんなにも、自信をもって得意っていえることがきっとあるよね。勉強だったり、スポーツだったり、歌やダンスだったり……。得意分野をもつって、すばらしいことだよね。でも、いい気になって油断していると、あたいみたいに失敗することもあるよ。「猿も木から落ちるだね～」っていわれたら、あたいがそばでクスッて笑っているかもしれないよ。

なになに、ちょっと意地悪だって？ ごめんごめん。でも自分とおなじような失敗をしている人がいるって思ったら、なんだかうれしくなっちゃうのよね。

あたいと会いたくなかったら、得意なことでも準備や確認をしっかりしてから取りかかることね。どんなときも、油断しないことがたいせつよ。

弘法にも筆の誤り

彼もあたいみたいに、うっかり失敗しちゃったのね。「弘法」は弘法大師のことよ。書道の名人といわれたえらいお坊さんなんだけど、そんな人でも書きまちがえることがあるの。つまり、どんな名人でも失敗することがあるってことね。

この前、得意なはずのおかしづくりで失敗しちゃったわ。

口はわざわいのもと

軽はずみなことばが、わざわいを招く！

おしゃべりもほどほどにしなきゃね！

▶▶ 「わざわい」は不幸や災難のこと。軽はずみなことばは、わざわいを招くから注意してね。

▶▶ 軽い気もちでいったことばでも、他の人を傷つけたり悲しませたりすることがあるから、十分気をつけてほしいわ。

▶▶ おしゃべりが好きな人は、アタシのことを忘れないでね！

ことわざトリビア

- 「口はわざわいの門」ともいう。
- 似たことわざに、「雉も鳴かずばうたれまい」がある。キジは鳴かなければ居場所を知られず、猟師にうたれることもないということから、よけいな発言で災難を招くという意味。

どんな意味？

　アタシはしゃべるのが大好き！　おしゃべりするのって楽しいわよね〜。でもこの前、友だちと話していて、ついべつの友だちの悪口をいっちゃったの。そしたらつぎの日、その子が「わたしの悪口をいったでしょ！」ってすごくおこってやってきて、そのあとはもうさんざんよ……。みんなに「ひどい」とか「もうあなたとはしゃべらない！」とかっていわれるし、たいへんな目にあったわ。
　アタシは、「口から出たことばは、わざわいを招くから気をつけなさい」という意味よ。「わざわい」は不幸や災難のこと。アタシがあんな目にあったのも、それを忘れていたからね。これからはおしゃべりをつつしまなきゃと思っているんだけど……。

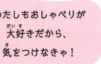

わたしもおしゃべりが大好きだから、気をつけなきゃ！

どんなふうに使われる？

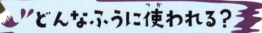

　話に夢中になって、つい悪口をいっちゃったり、だれかのヒミツをばらしちゃったりしたことって、アナタにもあるんじゃない？ 軽い気もちで口にしたことばって、気づかないうちに相手を悲しませていることがよくあるのよ。傷ついた相手はアナタにおこったり、仕返ししたりするかもしれないわね。それが「口はわざわいのもと」ってことよ。だからアタシは、「よけいなことは話さないように」といういましめで使われることが多いわ。
　おしゃべり好きな人は、とくに気をつけることね。人の悪口をいいそうになったり、噂話をしそうになったりしたらアタシのことを思い出して、つつしむようにしてね。そうしないと、アタシ以上に痛い目にあっちゃうかもしれないわよ！

ぼく、いつも口をすべらせてわざ子におこられるんだ。

壁に耳あり障子に目あり

おしゃべりするときはこの子たちにも注意よ。この子たちは「ひみつの話はもれやすいから気をつけなさい」って意味なの。たしかに、いつだれが壁に耳をあてたり、障子に穴をあけたりして、聞いたり見たりしているかわからないものね。気をつけなきゃ。

仏の顔も三度

だれにでもがまんの限界がある！

わたしだっておこるんです！

▶▶ わたしには、おだやかな人でもくり返し失礼なことをされれば腹が立つ、という意味があります。

▶▶ 自分のふるまいを見直して、相手を傷つけないようにしましょう。

▶▶ 相手がいやがることをくり返していると、いつもはやさしい人でも、本気でおこりますよ。

ことわざトリビア

- 「仏の顔も三度なずれば腹立てる」ということわざを短くしたもの。
- このことわざは『上方いろはカルタ』でもとりあげられている。
- おなじような意味のことわざとして「地蔵の顔も三度」があるが、いまはあまり使われていない。

どんな意味？

じつは最近、どうしても許せないことがありました。ふざけてわたしの顔をなでた人がいたんですよ。立場が上の者の顔をなでることは、ただでさえ無礼なことなんです。それなのに、その人は三度もなでたんですよ。もちろんわたしだって最初はがまんしていたんです。でもしつこくなでられるうちに、ついにがまんができなくなってしまいました。久しぶりに本気でおこりましたね。わたしの激しいいかりに、その人もとてもびっくりしていましたよ。

このように、「仏の顔も三度」とは、ふだんは仏のようにやさしくおとなしい人でも、くり返しひどいことをされると腹を立てるという意味なんです。

> わしだっておこる
> ことはあるんじゃよ！

どんなふうに使われる？

ふだんはやさしいお母さんでも、きみが何度もおなじいたずらをしたらおこりだすでしょう。いつもおとなしい友だちだって、調子に乗ってしつこく意地悪したら、あなたとは絶交してしまうかもしれません。なんといっても「仏の顔も三度」ですから。

あなたはだれかのやさしさにあまえて、その人に失礼な態度をとっていませんか？「やさしい人だから、どんなことをしても大丈夫」というのは、あなたの勝手な思いこみにすぎません。どんな人でも、いやなことをされれば腹を立てます。それをふまえて、自分のふるまいをふり返ってみてください。

最後に１つ。ふだんおとなしい人ほど、おこるとこわいものです。思いあたることがあれば、すぐにあやまりにいってくださいね。

知りたい！ことわざ

意味をまちがえやすいことわざ

ことわざをイメージだけでとらえると、意味を取りちがえてしまうことがあるんです。たとえば「流れにさおさす」ということわざ。流れに乗った舟を止めるために川底にさおをさす、つまり「勢いや流れをさえぎること」と思っている人もいますが、それは逆。流れに乗る舟をさらにさおでこぎ、「よい状態をより勢いづける」という意味なんです。

> わたしはすぐに
> おこっちゃう
> タイプよ。

一寸の虫にも五分の魂

小さくて弱い者も、あなどるな！

小さいからって、見くびらないでちょうだい！

▶▶ この虫はちっぽけで弱い存在だけれど、ちゃんとわたしっていう魂をもっているの。

▶▶ 小さくて弱い者にもほこりや意地があるから、ばかにしちゃいけないわ。

▶▶ きみが大きな相手に立ち向かうとき、わたしは心から応援しているわ！

ことわざトリビア

- 「寸」とは昔日本で使われていた長さの単位。「一寸」は約3センチ、五分はその半分という意味。
- おなじような意味のことわざに、か弱そうに見える細い腕にもかたい骨が通っていることに由来する「やせ腕にも骨」などがある。

どんな意味？

ちょっと、そこのあなた！　もう、無視するなんてひどいわ。わたしはこの小さな虫の魂よ。そりゃあ、この虫は一寸くらいしかないし、わたしはそれよりもっと小さいから、気づかないのも無理はないけれど……。

虫なんて、小さくて寿命も短い、弱い生きものだって思ってないかしら。いっておくけれど、小さくて弱い虫にだって、体の大きさの半分、つまり五分の魂はあるのよ。魂は、どうしてもゆずれないほこりや意地のことを表しているわ。

つまり、「一寸の虫にも五分の魂」は、どんなに小さく弱い者にもほこりや意地があるから、ばかにしてはいけないってこと。小さいからって、わたしのことを見くびっていると、きっと後悔するわよ！

どんなふうに使われる？

もしきみがいじめられっ子で、相手より力が弱かったり、体が小さかったりしても、きっときみなりのほこりや意地があるわよね。もうがまんできないと思ったら、勇気を出してそれを見せてやりましょう！　まさに、「一寸の虫にも五分の魂」ね。きっと相手も、その強い魂に気づくはずよ。

それから、弱いチームがとても強い相手と試合をするようなときもわたしの出番。弱いチームなりにゆずれない意地があるところを見せて、強いチームから1点でももぎ取ってやりましょう。そのために必死でたたかうきみを、心から応援するわ。

逆に自分は強いと思っているあなた、相手が弱いからってばかにしていると、痛い目を見るわよ。

わたしの仲間

独活の大木

彼はわたしと反対のタイプね。ウドっていう植物は、くきはとても太いけれど、やわらかすぎて木材にならないのよ。若い芽は食べられるけど、成長してからはひどい味だしね。だから体が大きくても役に立たないことを「独活の大木」っていうのよ。

まさか、「独活の大木」ってぼくのことじゃないよね？

早起きは三文の徳

早起きはいいことずくめ！

さあ、起きて起きて！徳を逃さないで！

▶▶ わたしは「早起きするといいことがある」という意味のことわざよ。

▶▶ 早起きすると、体も心もとても元気になる！ぜひ習慣づけましょう！

▶▶ 「三文の徳」は、ほんの少しの恵みっていう意味なの。でも早起きを毎日続ければ、きっと大きな恵みになるわ。

ことわざトリビア

- 「徳」には恵みや恩恵、富という意味がある。
- 「徳」のかわりに「得」という漢字が使われることもある。
- ほかに早起きをすすめることわざとして、早起きも節約も大きな利益があるという意味の「早起き三両倹約五両」がある。

どんな意味？

ああ、早起きって本当に気もちがいいわね！　わたしは毎日こうして早起きしているの。なぜか知りたい？　それじゃあ、自己紹介をしようかしら。

わたしは「早起きは三文の徳」っていうの。「文」というのは、昔使われていたお金の単位で、わずかな金額のことを表しているわ。そして「徳」は恵みという意味よ。つまり、わたしは早起きすると、ほんの少しだけ徳があるという意味なのよ。

「がんばってもほんの少ししか徳がないのかあ」なんて、早起きをばかにしてはいけないわ。たとえちっぽけなことだって、毎日こつこつと続けていれば、いずれ大きな徳になるんだからね。

わしは毎日早起きしてことわざの研究をしておるんじゃぞ。

どんなふうに使われる？

もしあなたが朝寝坊しがちだったら、すぐに早起きの習慣を身につけたほうがいいわ。だって早起きすれば、1日を1歩リードしたところからスタートできるのよ。朝はしかられないどころか「えらいわね」ってほめられちゃうかもしれないわ。朝ごはんをゆっくり食べれば体にいいし、授業に集中したり、体を動かして遊んだりする力もわいてくる！　あわてて出かけて忘れものをすることだってないわ。ほら、「早起きは三文の徳」でしょう？

だからもし、あなたのまわりに朝寝坊の人がいたら、わたしのことを教えてあげて。

わたしはこれからも、みんなに早起きをすすめていくわ。「早起き応援隊」ってところかしらね。あなたもぜひ入隊して、いっしょに早起きを広めていきましょう！

知りたい！ことわざ

1つだけではないことわざの表現

じつはおなじことわざでも、表現のしかたが少しちがうものがあるの。たとえばわたし、「早起きは三文の徳」には、「朝起きは三文の徳」といういい方もあるのよ。「徳」を「得」と書くこともあるわね。少しでも表現が変わると「ちがうことわざなのかな」ってあわてちゃうかもしれないけれど、意味は変わらないから安心してね。

夜、早く寝れば早起きできるわね。

取らぬ狸の皮算用

不確実なことに期待する！

さあて、いくらもうかるかな。

▶▶ タヌキの毛皮を売ったらいくらもうかるか、計算中なんだ。まだタヌキは取ってないけどな！

▶▶ 決まってもいないことをあてにして、計画を立てたり、手に入れることを想像したりするときに使われることわざだぞ。

▶▶ 失敗したり、時間をむだにしたりしたくないなら、たしかなことをもとに考えるといいんじゃねえか。

ことわざトリビア

● 似た意味のことわざの1つとして、「飛ぶ鳥のこんだて」がある。飛んでいる鳥を見ただけで、その鳥をどう料理するか考えてしまうことから。
● 似た英語の表現に"Don't count your chickens before they are hatched."（たまごからかえる前にひなを数えるな）がある。

どんな意味？

いやあ、楽しみだ楽しみだ。なにがそんなに楽しみかって？ じつは、タヌキの毛皮が高く売れるって聞いてよ、いくらもうかるか計算しているところなんだよ。こんな大金が手に入ると思うと、つい、うかれちまうよな。イヒヒ。なんだよ、売るタヌキはどこにいるかって？ そんなものはあとで狩りにいけばいいじゃねえか。

あっしのように、不確実なことをあてにして、あれこれ期待したり、計画したりすることを「取らぬ狸の皮算用」っていうんだ。「算用」は計算するってことだな。「決まってもいないことに期待して計画を立てても、失敗するだけだ」ってよく注意されるが、知ったこっちゃねえのさ。

> うちのお父さん、「宝くじを当てて別荘を買う！」って、毎年いってるわ。

どんなふうに使われる？

あんただって、あっしと似たようなことをしたことがあるだろう？ たとえばお正月前に「お年玉をいっぱいもらえるはずだから、あれもこれも買えるぞ！」って、期待したことがあるんじゃねえか？ でもお年玉をいっぱいもらえるかどうかなんて、わからねえよな。こんなとき「取らぬ狸の皮算用」が使われるんだ。

それから、できるかできないかわからない宿題を「30分で終わらせる！」って決めて、遊ぶ約束をしてしまう。こんなふうに、不確実な見通しで計画を立ててしまうことにも、あっしが使われるんだよ。

あんたが失敗したり、時間をむだにしたりしたくないなら、計画はたしかなことをもとに考えるといいんじゃねえかな。

あっしの仲間

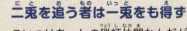

二兎を追う者は一兎をも得ず

こいつはあっしの猟師仲間なんだが、欲深さではあっしといい勝負だな。今日も2匹のウサギを同時につかまえようとして、どっちにも逃げられちまったらしい。「欲ばって2つのことを同時にやろうとすると、どちらも失敗する」って意味のこいつらしいぜ。

> 「兎」はウサギのことじゃよ。

虎の威を借る狐

強い人の力を利用して、いばる！

トラの力を使えばこわいものなしさ！

▶▶ わたしは弱いが、トラのように、強いものの力を利用していばっているのさ。

▶▶ わたしの評判はよくないらしい。「本当は小心者だ」ってみんなにばかにされていると聞いたよ。

どんな意味？

弱くて臆病なわたしだが、トラの着ぐるみを着れば、いばり放題！ みんなわたしをトラとまちがえておそれるからな。「力のない人が強い人の力を利用していばる」、それがわたしさ。そんなの情けないって？ フン、なんといわれようと関係ないね！

どんなふうに使われる？

友だちとけんかして「おれの兄ちゃんは強いんだぞ！」なんていう人がいるよな？ 人の力を利用していばるなんて、まさに「虎の威を借る狐」だ。ここだけの話、わたしは「本当は小心者」ってばかにされているらしい。まあ、気にしていないがね……。

のどもと過ぎれば熱さを忘れる

苦しさも
受けた恩も忘れる！

忘れちゃいけない
こともあるんだけど……。

▶▶ おいらは忘れっぽいんだ。時間がたつと苦しかったことも、助けてもらった恩も、すっかり忘れちゃうんだよね。

▶▶ 一度痛い目にあったら、反省してつぎにいかさないとね。でないと、また失敗しちゃうよ。

どんな意味？

熱いお茶って口に入れたときはびっくりするけど、のどを通り過ぎるころには、ほとんど熱さを感じなくなるよね。おいらはつらかったことも、そのときが過ぎると、つい忘れちゃうって意味なんだ。それから、つらいときに助けてもらったことも忘れがちだな〜。

どんなふうに使われる？

「テストがひどい結果で落ちこんでいたのに、つぎの日にはまた遊んでばかりいる」なんてときは、「のどもと過ぎれば熱さを忘れる」ってあきれられちゃうかもね。一度苦しさを味わったら、悪かったところを直さないとまた失敗しちゃうよ〜。

ことわざ、きわめる！

植物に関することわざ

　ここでは、花、木、木の実など、植物を使ったことわざを紹介するよ。まずは花を使ったことわざ、「いわぬが花」。「口に出していわないほうが、深みがある」という意味なんだ。あからさまにものをいわない態度を、美しい花の奥ゆかしさでたとえているよ。ほかには「花より団子」（美しいものよりも、実際に役立つもののほうがよい）、「いずれあやめかかきつばた」（どちらもすばらしくて甲乙をつけがたい）なども、花が登場することわざだよ。

　木を使ったことわざには「寄らば大樹のかげ」（どうせたよるなら力のある人がよい）、「かれ木も山のにぎわい」（つまらないものでも、ないよりはあったほうがよい）、「柳の下にいつもどじょうはいない」（うまいことは、続けて起こらない）などがあるよ。

　それから木の実を使ったことわざには、「どんぐりの背くらべ」があるよ。このことばには「とくにすぐれた者がいない」という意味があるんだ。どんぐりどうしをくらべても、形も大きさもほぼおなじであるということがもとになっているよ。

> どれも、それぞれの植物の特徴がいかされているのう。

世の中を知っておこう！

人生を上手に渡っていくためには、世の中をよく知ることがたいせつなんだ。世間には知っているようで知らないことがたくさん！ ぼくらが世の中のありようや、しくみを教えるから、かしこく生きるコツを学ぼう！

人の噂も七十五日

噂は長続きしない！

噂にふり回されるなんて損よね！

▶▶ わたしは、どんな噂でも、それほど長続きすることはないって意味のことわざなの。

▶▶ いやな噂を立てられても、時がたてばみんな忘れていくから気にすることはないわ。

▶▶ 「重大な出来事だったのに、自然と話題に上らなくなった」ってときも、わたしの出番よ。

ことわざトリビア

■ おなじような意味のことわざに「善きも悪しきも七十五日」がある。
■ 「七十五」は、ことわざでよく使われる数字。ほかに、子育てには苦労が多いことを表す「子を持てば七十五度泣く」や、初物を食べると寿命がのびるという意味の「初物七十五日」などで「七十五」が使われている。

62

どんな意味？

きみは噂にうんざりしたことってない？わたしは、しょっちゅうよ。だって、うそか本当かわからないような話があっという間に広まっちゃうから、いちいち「本当かどうか」ってたしかめたり、「それはただの噂で実際はこうなんだよ」って訂正したりすることもできないじゃない。

とはいっても、じつは噂ってそんなに長く続くものじゃないみたい。ほら、わたしを見ればわかるでしょう？　人は噂にあきやすいものなのよ。「人の噂も七十五日」っていうのは、まさにそのことね。「七十五日」というのは、「そんなに長くはない期間」のことを表しているのよ。

ぼく、75日どころか3日前のことでも忘れちゃうなぁ。

どんなふうに使われる？

わたしは近ごろ、噂を立てられてなやむのは時間のむだって思うようにしているんだ。だって「人の噂も七十五日」だもん。どんな噂も、時間がたてば自然にみんな忘れていく。だったらなにをいわれても、どんな噂を聞いても、気にせずにほうっておけばいいのよ。そう思うと気もちが楽になるわ。

きみもわたしみたいに「人の噂も七十五日」って思ってみて。きっと噂にふり回されてイライラすることがなくなるわよ。

そうそう、わたしは大きな話題になった出来事が、時間とともに忘れられていくときにも使われるのよ。たとえばニュースで毎日のようにとりあげられていた事件も、季節が変わるころには忘れられているでしょ？　人ってけっこう忘れっぽいものなのかもね。

わたしの仲間

火のないところにけむりは立たぬ
彼らは噂が立つと「火の気のないところから、けむりは出ない」っていうの。つまり、噂が立つのは、それなりの理由や根拠があるからだってこと。たしかにもとになった話はあるのかもしれないけど、大げさな話になることが多いのよね。

噂なんて気にしないのが一番ね！

悪事千里を走る

> 悪いことをしているとおいらがどんどん広めるぞ！

悪い評判はすぐに広まる！

▶▶ 「千里」っていうのは「はるか遠く」って意味さ。おいらの仕事は、みんなの悪い評判を遠くまで広めることなんだ。

▶▶ 悪い評判はあっというまに知れ渡る。かくそうとしたってむだだよ！

▶▶ おいらに噂を広められたくなかったら、悪いことはしないことだな。

ことわざトリビア

- 「悪事千里」「悪事千里を行く」ともいう。
- もともとは、大昔の中国の学者・孫光憲が書いた『北夢瑣言』にある「好事門を出でず（よい評判はなかなか伝わらない）、悪事千里を行く」という文章が由来。

どんな意味？

さあ、号外だ、号外だ！ みんな読んでいってくれよ！ いろいろな人の悪事がいっぱいのっているよ！

おいらは「悪事千里を走る」っていうんだ。おいらの仕事は、みんなの悪い評判を、こうして広めていくことさ。「千里」っていうのは「はるか遠く」って意味なんだ。つまり、おいらは「悪い評判や行いはすぐ広まり、遠くまで伝わる」ということを表しているのさ。

止めようとしたってムダだよ！ なんてったっておいらは仕事が早いんだ。悪いことをしたら、すぐに記事にしてみんなに知らせるからな。それに、噂を知った人は、さらにまわりの人に広めていくものだしさ。悪い評判が世間に知れ渡るのなんて、あっというまなんだよ。

どんなふうに使われる？

こっそりいたずらや意地悪をしたつもりだったのに、いつのまにか、みんながそのことを知っていた……。そんなことってあるよね。それこそまさに「悪事千里を走る」さ。だれも見ていないと思って、油断しているやつもいっぱいいるけれど、あまい、あまい。おいらはけっして悪事を見逃さないんだ。どんなにかくしたつもりでも、しっかり記事にさせてもらうからね。

「悪い評判を広めて回るなんて、めいわくなやつだなあ」って思っている？ それは、きみが「悪いことをしたら、みんなにばらされちゃう！」って、ひやひやしているからじゃないのかい？ おいらに悪い噂をばらまかれないようにしたいなら、方法は1つ。悪いことをしなければいいのさ。

おいらの仲間

人の口には戸は立てられない

こいつもおいらとおなじで、噂話が大好きなんだ。「戸を立てる」とは戸を閉めること。けれど、人の口は閉められないよな。だから、噂が広まるのは防げないってことさ。おいらやこいつに見られてもいいように、正しいふるまいを心がけないとな。

いたずらしてしまったら、かくさず正直にあやまることがたいせつじゃぞ！

一寸先は闇

この先どうなるか、だれもわからない！

よーし、順調、順調……！

▶▶ ほんの少し先のことでも、なにが起こるかはわからないものなんだ。

▶▶ ぼくは、予想もしていなかった不幸にあったときに登場するよ。

▶▶ ぼくと会わずに一生過ごすのはむずかしい。だからいつも気を引きしめていて！

ことわざトリビア

- 「一寸先は闇の夜」ともいう。
- 江戸時代の中ごろには、小説の一種である浮世草子の中で、「先のことはどうせわからないのだから、いまを楽しめ」という意味で使われていたこともあった。

66

どんな意味？

ぼくはこれから旅に出るところさ。このおわんの舟はとても乗り心地がよくて、ぼくのお気に入りなんだ。この舟だったら、どこまでだって行けそうな気がするよ！

目的地に着くまで、ぼくの話をしようかな。ぼくは「一寸先は闇」っていうんだ。「一寸」というのは3センチくらい、つまり「ほんの少し」ってこと。闇というのは、なにも見えないくらい真っ暗な状態のこと。つまりぼくは「ほんの少し先のことでさえ、なにが起こるかわからない」って意味なんだ。

といっても、この旅に関しては心配無用！この舟だって、とっても丈夫だしね。え、ひびが入ってもうすぐしずみそうだって？　そんなわけないじゃないか！

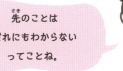

先のことはだれにもわからないってことね。

どんなふうに使われる？

ぼくが登場するのは、予想もしないやっかいなことに巻きこまれたり、思いもかけないハプニングにあったりしたときが多いんだ。「実力では優勝まちがいなし。いよいよ明日は決勝戦！　と思っていた矢先、けがをして負けてしまった」「ずっと仲のよかった友だちが急に態度を変えてしまって、学校が急につまらないものになってしまった」なんて経験がある人もいるんじゃないかな。まさに、「一寸先は闇」だよね。

正直、ぼくと出会うことをさけ続けるのはむずかしい。だって、ぼくは「一寸先は闇」。いつきみのそばに現れるのか、ぼくにだってわからないんだもの。だからいつも気を引きしめていなくちゃいけないよ。いざというときあわてないようにしてね。

知りたい！ことわざ

ことわざといろはカルタ

江戸時代には「あいうえお〜」のかわりに「いろはにほへと〜」が使われていたんだ。この「いろは〜」の1文字ずつに、ことわざの最初の文字をあてはめてカルタにしたのが「いろはカルタ」だよ。最初は上方でつくられ、尾張や江戸に伝わったんだ。地域によって取りあげられることわざは異なるから、くらべてみるとおもしろいよ。

うまくいっているときでも油断はできないんだね！

三つ子の魂百まで

人間の本性は、ずっと変わらない！

いまも昔も ぼくはぼくさ！

▶▶ ぼくには年をとっても、性格や性質は幼い子どものころと変わらないって意味があるよ。

▶▶ 小さいころ好きだったことや昔からの趣味をいかした仕事についているような場合にも使われるよ。

▶▶ 努力して身につけた力は、その人のもともとの性質ではないから、ぼくにはあてはまらないよ。

ことわざトリビア

- 「三つ子の魂八十まで」や「三つ子の知恵百まで」といういい方をすることもある。
- よい行動をほめるときに使われることもあれば、悪いくせや性格についていうときにも使われる。

どんな意味?

ぼく、よく「若々しいね」っていわれるんだ。きみもそう思う? でも、じつはもうすぐ100さいのおじいさんなんだよ。ふふふ、おどろいた? みんながぼくのことを若いって感じるのは、ぼくの「魂」が、小さいころから変わっていないからかもしれないな。

「魂」っていうのは、その人の性格や本性のことだよ。「三つ子」とは3さいの子どものことで、「小さいころ」という意味なんだ。「百まで」は「一生」ということを表しているよ。つまり、ぼくは「子どものころの性格や本性は、一生変わらない」という意味なんだ。どんなに年をとっても、その人らしさは一生残るんだね。

> わしも子どものときから
> ことわざが
> 好きじゃったんじゃ。

どんなふうに使われる?

ちょっと恥ずかしいけれど、ぼくはこの年になっても、けっこうあまえん坊だねっていわれるんだ。どうやら小さいころからあまえん坊な性格だったのが、いまでも残っているみたい。まさに「三つ子の魂百まで」だね。

それからぼくは、子どものころから昆虫が大好きだったことをいかして昆虫学者になったというようなときにも使われるよ。

あ、これだけは気をつけて! ぼくを使うのは性格や性分についてだけなんだ。「小さいころにおぼえたり、習ったりしたことはずっとおぼえている」っていう意味では使わないよ。「三つ子の魂百までだから、小さいころから野球を習わせて、将来はプロ野球選手にしよう」なんていっている人がいるけど、これはまちがった使い方だよ。

ぼくの仲間

雀百までおどり忘れず

この子はぼくの親せきで、「小さいころの習慣やくせはずっと変わらない」って意味があるよ。スズメが一生ぴょんぴょんはねる姿を、おどりに見立てているんだ。「おどり」には「遊び」という意味もあって、遊びぐせが直らないというときにも使うみたい。

> わたしの性格も小さいころと
> 変わっていないのかしら?

魚心あれば水心

好きな気もちって ちゃんと通じるんだね！

好意を示せば、相手も応えてくれる！

▶▶ おたがいが心を通わせているときこそ、わたしたちの出番！

▶▶ わたしたちには「自分が好きになれば、相手も応えてくれる」という意味があるんだ。

▶▶ 「もちつもたれつ」という関係のときに、わたしたちが登場することもあるよ。

ことわざトリビア

- もともとは「魚、心あれば、水、心あり」といういい方だった。
- 「水心あれば魚心」と、「魚心」と「水心」を逆にしたいい方もある。
- 「水魚の交わり」という表現があるが、「とても親密で切っても切れない仲」というべつの意味なので注意。

どんな意味？

わたしたちはとっても仲よしなんだ！　もともとは、魚のわたしが、水の彼のことを大好きで、友だちになりたいなって思っていたの。それである日、思い切って「友だちになりたい」って声をかけてみたんだ。そうしたら彼も、「うれしい！　ぜひ友だちになろうよ」っていってくれたの！　話してみたらすごく気が合って、いまでは毎日のように、2人でいっしょに遊んでいるんだよ。

こんなふうに、自分が相手のことを好きになれば相手も自分を好きになってくれて、よい関係になれることを「魚心あれば水心」っていうんだ。「相手が自分を好きになれば、自分も相手を好きになる」って意味もあるよ。

ぼくも思い切って好きな子に「好き」っていってみようかな！

どんなふうに使われる？

「魚心あれば水心」が使われるのは、わたしたちのようにおたがいが心を通わせているときだけじゃないんだ。

「こちらの願いをかなえてくれたら、そちらの期待にも応えてあげる」というような、相手次第で、こちらがどうするかを決めるという場合にも使うんだよ。たとえば「おやつをくれたら、宿題を手伝ってあげる」って友だちにいわれて「それならあげる！」と応えたら、まさに「魚心あれば水心」。こういうときは、どちらも「なんとか少しでも得をしたい」って考えていることが多いみたい。つまり「もちつもたれつ」という関係ね。

おたがいを思い合っている場面だけではなく、どちらも自分が損しないように、かけひきをする場面にも使われるというわけね。

「ギブ・アンド・テイク」ということかのう。

わたしたちの仲間

蓼食う虫も好き好き

わたしは水が好きだけど、彼はタデの葉っぱが好きなんだって。タデの葉っぱはとてもからくて、虫たちに人気がないの。でも、彼はそれをずっと食べている変わり者。「人の好みはそれぞれ」っていうのが、彼のポリシーらしいわ。

海老で鯛をつる

こりゃあラッキーだわい！

小さな努力で大きな成果を得る！

▶▶ わずかなお金や少しの努力で大きな利益や成果を得るのがわしじゃ！

▶▶ 大きな目標があるなら、知恵を使ってかしこく目標に近づく方法を考えることも必要じゃ。

▶▶ なにもせず、大きな得がまいこむのを待っているのは感心せんぞ。

ことわざトリビア

- 「海老」の代わりに「ざこ」や「しゃこ」、「あぶ」や「いなご」、「麦飯」や「飯つぶ」、さらに「鼻くそ」を使う場合もある。
- 現代では、「海老で鯛をつる」を短くした「えびたい」という表現を使うことが増えている。

どんな意味？

ひゃー！ これは大きなタイがつれそうじゃ。いやあ、ありがたいわい！ じつはな、小さなエビをえさにつりをしていたんだが、ほれ、このとおり！ こんなに見事なタイがつれそうなんじゃよ。こりゃあ、本当にラッキーじゃ！

さて、うかれるのはこれくらいにして、わしの紹介をせねばな。わしには、「わずかなお金や少しの努力で、大もうけをしたり、大きな成果を手に入れたりする」という意味があるんじゃよ。いままさに小さなエビで大きなタイをつりあげようというわしに、ぴったりじゃろう？ まあ、これほどラッキーなことはめったにあるものじゃない。いつも大きなタイがつれたらそりゃあうれしいが、なかなかそうはいかないものじゃよ。

どんなふうに使われる？

おまえさんは「海老で鯛をつろうとしている人」を、なまけ者のように感じるじゃろうか。たしかに、なにもしないで運にまかせて、大きな得がまいこんでくるのを待っているだけというのは感心せんな。それは、ただの欲ばりというものじゃ。

じゃが、たまには「ちょっとずるいけど、うまくやる」というのもいいんじゃないかと、わしは思うんじゃ。だれだって、時間やお金には限りがある。でも、ほしいものややりたいことはたっぷりあるじゃろう？ 悪いことはやっちゃいかんが、海老で鯛をつる程度のことなら、だれかにめいわくをかけとるわけでもないしのう。ずるがしこさも、かしこさのうちじゃ。おまえさんもわしを見習って、うまくやるんじゃぞ。ハッハッハ！

わしの仲間

ぬれ手で粟

こやつもまたラッキーじゃな！ ぬれた手でアワをつかめば、楽にたくさんのアワを手に入れられるんじゃのう。こやつは「苦労せず大きな利益を得る」ことをいつも考えているらしい。わしよりも、もっと楽に得したときに使われるそうじゃ。

ちょっとお手伝いしたらたくさんおこづかいもらえるかなあ……。

情けは人のためならず

親切は自分に返ってくる！

思いやりの輪を広げよう！

▶▶ わたしたちは「人に親切にすると、いつか自分に返ってくる。だから、親切を心がけなさい」という教えなんだ。

▶▶ 「親切はその人のためにならない」という意味で使っちゃだめだよ！

どんな意味？

わたしたちには「人に親切にしてあげると、いつか自分に返ってくる」という意味があるんだよ。わたしたちが送り合っている「情け」、つまり思いやりや親切心も、めぐりめぐっていつか自分のところに返ってくるはずなんだ。そのときが楽しみだね。

どんなふうに使われる？

あ、これだけはおぼえておいて！ わたしたちを「親切は人をあまやかすことになるから、相手のためにならない」という意味で使うのは、まちがいだよ。「親切は人のためだけじゃなく、自分のためになる。だからどんどん人に親切にしよう」というときに使ってね！

渡る世間に鬼はない

世の中は冷たい人だけじゃない！

ピンチのときは助けに行くよ！

▶▶ おいらは「世の中には鬼みたいに冷たい人ばかりじゃなく、心の温かい人もたくさんいる」って意味なんだ。

▶▶ 人に親切にしてもらったことがあるなら、きみはもうおいらのことをよくわかっているはずだよ。

どんな意味？

おいらには「世の中には思いやりがある人もいる」っていう意味があるんだ。人生ってやつはなかなかきびしい。だから「出会う人みんな鬼みたいにひどいやつだ！」って思うこともあるかもしれないな。でも心が温かい人もちゃんといるよ。おいらもその1人さ！

どんなふうに使われる？

道で転んだときまわりの人が助けてくれたり、落としものがもどってきたりしたことがあるなら、きみはもう「渡る世間に鬼はない」って知ってるってことだよ。世の中、思いやりのある人がかならずいるものなんだ。だから安心して、世間を渡っていこう！

ことわざ、きわめる！

食(た)べものに関(かん)することわざ

　なんだかおなかがすいてくるような、食(た)べものの名前(なまえ)が入(はい)ったことわざたち。まずは、おいしいおやつが入(はい)ったことわざを紹介(しょうかい)するよ。「たなからぼたもち」は、たなを開(あ)けたらぼたもちが落(お)ちてくるようすから「なにもしていないのに思(おも)いがけない幸運(こううん)にあう」ということを表(あらわ)すことわざなんだ。

　料理(りょうり)に関(かん)することわざもあるよ。「あつものにこりてなますを吹(ふ)く」の「あつもの」とは、熱(あつ)いお吸(す)いもののことで、「なます」は魚介類(ぎょかいるい)を酢(す)であえた、ひんやりした料理(りょうり)のこと。このことわざはあつもので口(くち)をやけどしてしまったことにこりて、冷(つめ)たいなますを食(た)べるときも「フー、フー」と吹(ふ)いて冷(さ)ますようすを表(あらわ)しているんだ。つまり「一度(いちど)の失敗(しっぱい)にこりて、必要以上(ひつよういじょう)に用心(ようじん)してしまう」という意味(いみ)だよ。

　おもちが出(で)てくることわざとして有名(ゆうめい)なのが「もちはもち屋(や)」。おもちはもち屋(や)さんがついたものが一番(いちばん)おいしいように「なにごともそれぞれの専門家(せんもんか)にまかせると一番(いちばん)うまくいく」という意味(いみ)だよ。

　ほかにも食(た)べものに関(かん)することわざはたくさん！　きみの好(す)きな食(た)べものが入(はい)っていることわざも探(さが)してみてね。

> ことわざに出(で)てくる食(た)べものは昔(むかし)からよく食(た)べられているものなんじゃ。

第5章
将来の夢をかなえるために！

みんなそれぞれ、大きな夢があることじゃろう。わしらは、夢をかなえるためにおぼえておきたいことわざや、目指す姿を表すことわざじゃ。将来役に立つアドバイスを送るから、しっかりおぼえておくんじゃぞ。

井の中の蛙大海を知らず

せまい考えにとらわれないで！

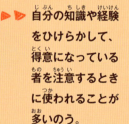

わしは井戸の中で一番のもの知りさ！

▶▶ わしのすみかは「井の中」、つまり井戸の中なんじゃ。

▶▶ わしにはどうやら「自分の知識や経験を最高だと思いこみ、広い世界を知らない」という意味があるらしい。

▶▶ 自分の知識や経験をひけらかして、得意になっている者を注意するときに使われることが多いのう。

ことわざトリビア

- 「井の中の蛙」だけで使うこともある。
- 大昔の中国の思想家・荘子が『荘子』の中で書いた「井戸の中のカエルに、海のことを話してもわからない」ということばがもとになっている可能性が高いといわれている。

どんな意味？

わしのすみかは「井の中」、つまり井戸の中じゃ。ここでは、わし以上の知識や経験のもち主はおらん。今日も知恵をさずかりたいと、多くの者たちがやってきておるんじゃ。

ところで、わしには「井戸の中にいる蛙は大きい海を知らない」ということから、「自分の知識や経験が最高だと思いこんで、もっと広い世界があることを知らない」という意味があるらしい。「蛙」とはカエルのことじゃ。わしには、なぜそんな意味があたえられてしまったのか、さっぱりわからんのじゃ。わしより深い知識や、すばらしい経験をもった者などいるはずがなかろう。まったくふしぎなこともあるもんじゃ。

> わたしは井の中の蛙にはなりたくないわ！

どんなふうに使われる？

わしは自分の知識や経験をひけらかして、得意になっている者を注意するときによく使われるようじゃ。たとえば、きみはクラスで一番足が速いかもしれない。国語の成績が1番の子もいるじゃろう。たしかにそれはりっぱなことじゃが、学年全体や全国の子どもたちとくらべたらどうじゃ。きみよりずっと上の者がいるかもしれんな。それを知ろうともせず、じまんしていると、「井の中の蛙大海を知らずだね」といわれてしまうぞ。

むむ、だれじゃ！「おまえこそ井の中の蛙大海を知らずにぴったりだ」なんていっておるのは！ わしには、だれにも負けないすごい知識や経験があるんじゃ！ ……もっとも、わしはこの井戸の外にいる者には会ったことがないがのう。

わしの仲間

かわいい子には旅をさせよ

この子はきびしい旅に出されてもどったところじゃ。「親のそばをはなれて、さまざまな経験をしたほうが成長できる」という意味があるから送り出されたのかのう。認めたくはないが、この子はわしよりずっと広い世界を知っているのかもしれん。

> 世界は想像しているよりずっと広いものなんじゃ！

時は金なり

時間はお金のように価値がある！

わたくしのたいせつさを忘れないで！

▶▶ 時間はお金のようにたいせつなもの。むだにしてはいけませんわ。

▶▶ わたくしはもともとは英語の"Time is money."ということばを訳したものですの。

▶▶ 「時間を有効に使うことで、成功する」って伝えたいときは、わたくしを使ってくださいね。

ことわざトリビア

- 「時間をたいせつに」という意味のことわざに、年月は人の都合に関係なく過ぎ去るということを表した「歳月人を待たず」がある。
- もととなった英語のことばは、政治家としてアメリカ合衆国の独立に貢献したベンジャミン・フランクリンによるもの。

どんな意味？

わたくし、じつはアメリカ生まれなんですの。"Time is money."という英語を日本語に訳したのが、わたくしですわ。

お金は、いうまでもなくたいせつなものですわよね。だってお金がなければ、生活できませんもの。そのお金とおなじくらい、時間はたいせつなものだという意味が、わたくしにはあるんです。

みなさんは「時間はいくらでもある」なんて思っていませんこと？　時間にはお金とおなじように、限りがありますの。むだづかいすればあっというまに過ぎてしまいますわよ。ですから、時間は有効に使ってくださいね。そうでないと、将来きっと大きな後悔をしてしまいますわ。

> ぼく、ついぼんやり過ごしちゃうから気をつけなきゃ。

どんなふうに使われる？

わたくしは、時間をむだづかいしている人を注意するときによく登場しますの。「時は金なりだから、なまけていてはだめだよ」というようにね。

それから「時間を有効に使って努力すれば、大きな目標を達成できる」というときも、わたくしの出番ですわね。たとえば「試験に受かりたかったら、空き時間を上手に使いなさい。時は金なりよ」なんて使われ方をしますわ。

時間の使い方を決めるのは、自分自身。つまり、ものごとを成功に導けるかどうかは、みなさん自身にかかっているともいえますわね。わたくしはみなさんが時間を有意義に使って、人生を充実させられるよう、いつも見守っておりますわ！

知りたい！ことわざ
海外からきたことわざ

わたくしのように海外からやってきて、日本に根づいたことわざはいろいろありますの。たとえば「鉄は熱いうちに打て」（純粋な心や情熱をもっているうちにきたえよう）は、もともとイギリスのことわざなんです。ほかにも「となりの芝生は青い」（ほかの人のものはよく見える）は、英語のことわざを日本語に訳したものですのよ。

> 遊ぶときは遊んで勉強するときはする！メリハリがたいせつね！

果報は寝て待て

幸せはあせらず待つ！

> のんびり待っててね〜。

▶▶ わたしには「幸運や幸福は、あせらずに待っていればそのうちにやってくる」という意味があるわ。

▶▶ 「果報」っていうのは幸運や幸福のことなの。

▶▶ 幸運を求めてあくせくしている人を落ち着かせるには、わたしが効果抜群よ！

ことわざトリビア

- 「運は寝て待て」や「福は寝て待て」といういい方もある。
- 江戸時代には「果報は寝て待つ」といういい方もあった。
- 「果報」はもともと仏教のことば。自分が行ったことの結果として受けるむくいのことを指している。

どんな意味？

わたしはいま「果報」、つまり幸運や幸福を届けにいくところなの。うふふ、みんな喜んでくれるかしら。

幸運って、人の力だけではどうにもならないこともあるわよね。わたしだって、がんばって幸運を運んでいるんだけど、なかなかすぐに、すべての人に届けられるわけではないわ。だって幸せにしてあげたい人は、たくさんいるんですもの！

だから、なかなか幸運がおとずれなくて心配だとしても、できるだけのことをしたら、あとはゆったりと待っていて。幸運や幸福はあせらずにのんびり待てば、そのうちやってくる。だってそれこそが、「果報は寝て待て」の意味なんだから！

> このことわざをなまけるためのいいわけにしちゃいかんぞ！

どんなふうに使われる？

「試験の結果、どうなったかな……」なんて思っていると、なかなか気分が落ち着かないものよね。こんなふうに、幸運を求めてあせっている人がいたら、ぜひ「果報は寝て待て」っていってあげてほしいの。きっと気もちが楽になって、心にゆとりができるはずよ。

心配しすぎると、悪いことを想像して、暗い気もちになっちゃうこともあるわよね。気もちはわかるけれど、あくせくしてもしかたがないわ。それに心配ばかりしていて、本来やるべきことがおろそかになってしまったら本末転倒よね。

自分の力でできることを全部やったら、あとはおだやかな気もちで待っていてね。わたしもなるべく早くみんなのもとにいけるように、がんばるからね！

> ぼく、のんびりするのは得意なんだ。

わたしの仲間

まかぬ種は生えぬ

彼は「種をまかなければ、芽は出ない」、つまり、「努力しなければ、いい結果は得られない」って意味なんですって。たしかに、努力すればいい結果が出る可能性は高まるわ。わたしだって、努力している人をみんな幸せにしてあげたいもの。

一を聞いて十を知る

ひとことであなたのこと全部わかっちゃうの！

ちょっと聞いただけで、全部を理解する！

▶▶ 「わずかなことを聞いただけで、ものごとの全体を理解する」という意味よ。

▶▶ 理解力がすぐれている人に対して使うことが多いわね。

▶▶ きちんと理解していないのにわかったつもりになる人は、わたしの仲間じゃないわ。

ことわざトリビア

● 大昔の中国の学者・孔子のことばをまとめた『論語』にある「一を聞いて以て十を知る」ということばが由来といわれている。

● 反対の意味のことわざに、ものごとの一方だけを知っていて、ほかのことを知らないという意味の「一を知りて二を知らず」がある。

どんな意味？

あら、いまわたしのことよんだ？　ちょっと待ってね。ピピピ……。よーし、あなたのいいたいことはわかったわ！　わたしに自己紹介をしてほしいのよね！

わたしは「一を聞いて十を知る」っていうの。「一」は一部、「十」は全部を表すわ。つまり、「わずかなことを聞いただけで、ものごとの全体を理解する」っていうのが、わたしの意味なの。

「そんなこと、自分にはとてもできそうもないや」って思った？　でもね、じつはどんな人でも「一を聞いて十を知る」ことができるようになるのよ！　その方法は、ふだんから「この人が一番いいたいのはなんだろう」って、理解する努力をすること。そうしたら、少しずつわたしみたいになれるはずよ！

どんなふうに使われる？

もしかすると、あなたのまわりにも、わたしのような人がいるんじゃない？　たとえば、先生が全部説明する前に「それならこれが必要ですね！」って、先のことを理解できてしまうクラスメート。その人はまさに「一を聞いて十を知る」人といえるわ。それから、相手がちょっとつぶやいたことばから、なにを望んでいるかをわかる人もいるわよね。

「暑いなあ」っていったら、「水筒に冷たい麦茶があるよ。飲む？」なんて察してくれる人をいい表す場合にも、わたしを使えるわよ。

でもときどき、ちゃんと理解していないのに「わかったぞ！」って、早合点してしまう人がいるのよね。わたしみたいになりたいなら、相手のことばを注意深く聞くことがたいせつよ。

わたしの仲間

鬼に金棒
彼はもともと腕っぷしが強いうえに学力もつけようとしているんですって。「もともと強みがある人がさらにパワーアップする」って意味の彼らしいわ。1つの強みで満足しないで、さらに自分を高めていけばもっと成長できるわね。

よーし、できる女をめざすわよ！

能ある鷹は爪をかくす

才能はひけらかさない！

切り札はとっておくものだろう？

▶▶ 才能や実力がある者はそれをひけらかさないものだ。わたしのようにね。

▶▶ ふだんのようすからは想像もできない才能や実力を発揮する人に対して使われるんだ。

どんな意味？

わたしにはえものをとるためのするどい爪がある。でも、ふだんはその爪をかくしているのさ。そうすれば、えものに警戒されにくいんだ。おかげでわたしは狩りに失敗したことがない。「才能や力がある人は、それをむやみにひけらかさない」。それがわたしさ。

どんなふうに使われる？

練習試合ではそれほど強くなかったチームが、本番で大活躍！　油断していたら負けてしまった……なんて経験はないかい？　それこそが「能ある鷹は爪をかくす」さ。勝つためには、ふだんは才能をかくしておき、ここぞというときに発揮するのが効果的なんだ。

笑う門には福来たる

「笑門来福」とよばれることもあるよ！

笑っていれば幸せがやってくる！

▶▶ ぼくには「どんなときも希望を忘れずにいれば、幸せになれる」って意味があるんだ。

▶▶ 「笑顔を絶やさない家には幸せがくる」という意味もあるよ。

どんな意味？

みんな、笑って笑って！ ぼくは「つらいときでも希望をもっていれば、いつか幸せがおとずれる」っていう意味なんだ。それから、「笑いが絶えない家には幸せがやってくる」という意味もあるよ。「門」とは家のこと。ぼくは笑顔でがんばる人が大好きなんだ！

どんなふうに使われる？

イヤなことがあっても落ちこまないで、ニコニコしてる人っているよね。そういう人には幸せがまいこみやすいんだ。まさに、「笑う門には福来たる」だね。人生にはつらいときもあるけれど、どんなときでも笑顔を忘れないで。ぼくはいつだってきみのそばにいるよ。

動物の名前が入ったことわざたち

こんな仲間もいるよ！

「ことわざのキホン」や「動物に関することわざ」でふれたもの以外にも、動物の名前が入ったことわざはたくさんあるよ。クスッと笑ってしまうような、動物たちのかわいい姿が目にうかんでくるね。

あたい、かつおぶしに目がないの！　だれのものか知らないけれど、かつおぶしをあたいのそばに置くなんて不用心ね。うふふ！　勝手に食べちゃダメだって？　そんなの知〜らない！　だってあたいは、「危なっかしくて安心できない状況」って意味なんだから。置いた人が悪いのよ！

猫にかつおぶし

な〜んだ、これ。首に巻くとジャマだし、食べてもおいしくないし、ちぎっちゃえ。こんなものいらないんだけどさ、じつはこの真珠ってやつ、すごく高価なんだって。でも、ぼくは渡されても困るなあ。だって、ぼくは「どんなに貴重なものでも、その価値がわからない者には役に立たない」って意味なんだもの。

豚に真珠

家来たちの間で意見がまとまらないときは、わしが一声、「こうしよう」といったらそれで決まりじゃ。なんといったって、わしはえらいからのう！「結論が出ない議論が、力のある者の一声で決まること」を表すわしには、大勢での話し合いを一瞬でまとめる力があるんじゃ。

鶴の一声

月とすっぽん

わたしたち、どちらも真ん丸だけれど、よく見ると全然ちがいますよね。月は夜空に美しくかがやいているけれど、すっぽんってどろだらけですし……。わたしたちは「少しは似ているけれど、じつはまったくちがう」って意味なんです。とくに優劣の差が大きいときに、使うんですよ。

犬も歩けば棒にあたる

おれは「でしゃばると災難にあう」という意味なんだ。でも、「どんなことでもよいから行動したほうがいいことがある」という意味で使われることもある。ことわざには、意味がいろいろあるやつが多いけど、おれみたいにまったく逆の意味をもつやつは、めずらしいかもな。

《腕試しをしてみよう！》
ことわざおさらいクイズ！

この本に登場したことわざキャラクターたちをどのくらいおぼえているかな？　4つのクイズに挑戦して、ことわざ力を試してみよう！

漢数字を入れよう！

□にはなにが入る？

質問 下のキャラクターの名前（ことわざ）の□には、すべておなじ漢数字が入るよ。いったいどの数字が入るかわかるかな？

□人寄れば文殊の知恵

□つ子の魂百まで

仏の顔も□度

早起きは□文の徳

90

なにかがヘン！ まちがいはどこ？

質問 下のキャラクターの名前（ことわざ）に、まちがいがあるみたい。キャラクターたちのヒントをもとに、正しいことわざを考えよう。

1
「やってみたら簡単だった」っちゅー意味やで！

案ずるより産むが難し

2
晴ればっかりじゃ、うまくいかないよな！

晴れの日に地固まる

3
胃の前に通るところがあるよね〜。

胃を過ぎれば熱さを忘れる

4
幸運のおとずれはのんびり待っててね！

果報はむかえにいけ

答え ①案ずるより産むが易し ②雨降って地固まる ③のど元過ぎれば熱さを忘れる ④果報は寝て待て

ピッタリなのはどれ？
どのことわざが入る？

質問
こと男とわざ子、テング先生が会話しているよ。空いているところにピッタリ合うことわざを下から選ぼう。

①

「空を飛んでいたら雨に降られたうえに大事なうちわを落としてしまったんじゃ……。」
「それは ☐ ね。」

②
「聞いて、こと男！ 大好きなダンスのコンクールで賞をとったのよ！」
「すごい！ まさに ☐ だね。」

③
「買いもののおまけでもらったくじで、ほしかったゲーム機が当たったよ！」
「☐ じゃな。よかったのう。」

好きこそものの上手なれ

海老で鯛をつる

泣きっ面に蜂

答え ①泣きっ面に蜂 ②好きこそものの上手なれ ③海老で鯛をつる

おぼえているかな？
わたしは だれ？

質問 下のキャラクターの名前（ことわざ）をおぼえているかな？ ヒントを見ながら、□に書いてみよう！

1

ヒント 危険をおそれず挑戦しなければ成功は得られないということ。

2

ヒント 急いでいるときは、確実な方法を選んだほうがいいということ。

3

ヒント 時間はお金のようにたいせつなものであるということ。

4

ヒント 一部を聞いただけで、ものごとの全体を理解するということ。

答え ①虎穴に入らずんば虎子を得ず ②急がば回れ ③時は金なり ④一を聞いて十を知る

まだまだあるよ！ことわざコーナー

ことわざの世界は楽しめたかな？ たくさんのキャラクターたちと、ことわざを学ぶことができたね。これまでに登場した以外にも、まだまだたくさんのことわざがあるんだ。ここでは5つのグループに分けて紹介するよ！

なるほど！
かしこく生きるコツを表すもの

長いものには巻かれろ
力のある人には逆らわずに従うほうが得であるということ

知らぬが仏
知ればいやな気もちになることも、知らなければおだやかでいられるということ

亀の甲より年の功
年長者の長い経験にもとづいた知恵は、貴重で尊重すべきものだということ

さわらぬ神にたたりなし
よけいなことにかかわらなければ、不幸な目にあうこともないということ

おっと、危ない！
危険な状況や行動を表すもの

飛んで火に入る夏の虫
自分からわざわざ危ない場面に飛びこんでしまうことのたとえ

火中の栗を拾う
自分の利益にならない危険なことに、あえて手を出すこと

身から出たさび
自分でしたことによって、苦しい状況になってしまうこと

やぶをつついて蛇を出す
やらなくていいことをして不幸や災難を招いてしまうこと

94

キラッと光る才能!
すぐれた技や才能を表すもの

くさっても鯛
よいものは、いくらか状態が悪くなっても価値がなくならないということ

昔とったきねづか
若いころに身につけた技術は、時間がたってもおとろえないこと

芸は身を助ける
芸や技を身につけておくと、生活が苦しいときに役立つことがあるということ

玉みがかざれば光なし
素質があっても、きたえあげなければその力を十分に表せないこと

びっくりした!
思いがけないことが起きたことを表すもの

ひょうたんからこまが出る
思いがけないことが起こること。また、じょうだんが現実になること

聞いて極楽見て地獄
人から聞いた話ではよく思えたが、いざ自分の目で見てみるととてもひどいこと

鳶が鷹を生む
人並みの両親から、才能にあふれた子どもが生まれること

やぶから棒
前ぶれもなくものごとや話がいきなりはじまること

ラッキー!
幸運な状況を表すもの

残りものには福がある
みんなが残すようなもののなかにこそ、よいものがあるということ

待てば海路の日和あり
幸運はのんびり待っていればそのうちにやってくるということのたとえ

窮すれば通ず
ピンチでどうにもならなくなったときこそ、案外よい方法が見つかること

捨てる神あれば拾う神あり
世の中には悪いことだけでなく、よいこともあるということ

[監修者紹介]

深谷圭助（ふかや・けいすけ）

中部大学現代教育学部教授
国語辞典や漢字辞典を活用した「辞書引き学習法」を提唱、子どもたちが自分で調べ、自分で学ぶための勉強をサポートしている。小学生の学び、国語学習等に関する編著書も多数。講演、メディアを通じても多彩な活動を展開。特定非営利活動法人こども・ことば研究所理事長。

[イラストレーター紹介]

いとうみつる（いとう・みつる）

広告デザイナーを経てイラストレーターに転身。ほのぼのとした雰囲気で描く、"ゆるくコミカル"な感覚のキャラクター作成を得意とする。

- 本文テキスト　香野健一
- デザイン・DTP　株式会社ローヤル企画
- 編集協力　小園まさみ／村井みちよ
- 企画・編集　株式会社日本図書センター

見てわかる・おぼえる・使える！
ことわざキャラクター図鑑

2018年10月25日　初版第1刷発行

監修者	深谷圭助
イラスト	いとうみつる
発行者	高野総太
発行所	株式会社 日本図書センター
	〒112-0012 東京都文京区大塚3-8-2
	電話　営業部 03-3947-9387
	出版部 03-3945-6448
	http://www.nihontosho.co.jp
印刷・製本	図書印刷 株式会社

©2018 Nihontosho Center Co.Ltd.　Printed in Japan
ISBN978-4-284-20430-9　C8081